L'homme qui tomba à travers la terre

Carolyn Wells

Writat

Cette édition parue en 2024

ISBN : 9789359946153

Publié par
Writat
email : info@writat.com

Contenu

CHAPITRE I
Déplacer les formes d'ombre

L'une des occasions où j'ai éprouvé « ce sentiment grandiose et glorieux » a été lorsque mes affaires juridiques avaient atteint des proportions qui justifiaient mon déménagement de mon ancien bureau vers de nouveaux locaux plus spacieux. J'ai choisi un immeuble quelque peu prétentieux sur Madison Avenue, entre la 30e et la 40e rue, et ce fut un jour marquant pour moi lorsque j'ai emménagé dans mes agréables chambres au dernier étage.

La Puritan Trust Company occupait tout le rez-de-chaussée et il y avait aussi certains bureaux privés de cette institution au dernier étage, ainsi que quelques bureaux à louer.

Mes chambres étaient bien situées et délicieusement lumineuses, et je les ai meublées avec soin, en sélectionnant des chaises et des bureaux d'un type digne, et des tapis de couleurs convenablement calmes. J'ai également choisi mon sténographe avec soin, et Norah MacCormack était une rousse parfaite. Si elle avait un faible, c'était pour lire des romans policiers, mais je l'approuvais, car dans mon humeur de hamac , je me plongeais moi aussi dans l'école de fiction du Web enchevêtré.

Et, sans vanité excessive, je sentais que je pouvais donner des cartes et des piques à la plupart des spécimens du genre Sherlock et les battre à leur propre jeu de déduction. Je l'ai pratiqué sur Norah parfois. Elle m'apportait un voile ou un gant d'une de ses amies, et j'essayais de déduire les traits de caractère de cette amie. Mes succès et mes échecs étaient d'environ cinquante-cinquante, mais Norah pensait que je m'améliorais avec la pratique et, de toute façon, cela exerçait mon intelligence.

J'avais échoué à l'examen d'entrée à l'armée, à cause d'un défaut, négligeable, me semblait-il, à mes yeux. J'ai été profondément déçu, mais comme la loi sur l'indemnisation est généralement en vigueur, je me suis finalement révélé, contre toute attente, d'une certaine utilité à mon gouvernement .

En face de moi se trouvait le bureau privé d'Amos Gately, président de la Puritan Trust Company et homme de réputation dans toute la ville. Je ne connaissais pas personnellement le grand financier, mais tout le monde le connaissait, et son nom était synonyme de tout ce qu'il y avait de sain, d'honorable et de philanthropique dans le Money Mart. Il était de ce type fréquemment vu, avec les cheveux gris argentés qui accompagnent si bien les yeux sombres et profondément enfoncés.

Et pourtant, je n'avais jamais vu M. Gately lui-même. Je l'ai connu grâce à ses portraits fréquents dans les journaux ou dans un magazine occasionnel. Et j'avais vaguement compris qu'il était un connaisseur des beaux-arts et que ses bureaux, ainsi que sa maison, étaient somptueux dans leurs aménagements.

Aussi bien admettre, par conséquent, qu'en entrant et en sortant de ma propre chambre, je regardais souvent vers sa porte, dans l'espoir de pouvoir au moins avoir un aperçu des trésors qu'elle contenait. Mais jusqu'à présent , je ne l'avais pas fait.

Certes, je n'occupais ma propre suite qu'environ une semaine et, là encore, M. Gately n'était pas toujours dans ses bureaux privés pendant les heures de bureau. Sans aucun doute, la plupart du temps, il se trouvait dans les salles des banques.

Il y avait une sténographe aux cheveux jaunes, qui portait ses cheveux dans des cache-oreilles et qui était, devrais-je dire, accro au vanity-case. Cette jeune personne, Norah m'avait informé, était Jenny Boyd.

Et cela résume toute ma connaissance intime d'Amos Gately – jusqu'au jour de la bourrasque de neige noire !

J'ose dire que mes ancêtres préhistoriques étaient des adorateurs du soleil. En tout cas, je suis parfaitement heureux quand le soleil brille, et complètement malheureux par une journée maussade. Bien sûr, après le coucher du soleil, je m'en fiche, mais les jours où la lumière artificielle doit être utilisée, je deviens agité et je suis absolument incapable de me concentrer sur une ligne de pensée importante.

Et ainsi, lorsque Norah a allumé la lampe de son bureau à teinte verte en milieu d'après-midi, j'ai impulsivement bondi pour rentrer chez moi. Je supportais mieux les pièces éclairées électriquement dans mes fouilles que dans l'atmosphère de travail de mon bureau.

« Terminez ce petit travail, dis-je à mon assistant compétent, et rentrez ensuite chez vous. Je vais y aller maintenant."

"Mais il n'est que trois heures, M. Brice," et les yeux gris de Norah levèrent les yeux du clic des touches.

"Je le sais, mais une tempête de neige se prépare, et Dieu sait qu'il y a suffisamment de neige en ville maintenant!"

« Il y en a ! Je pense qu'ils ne sortiront pas les montagnes noires des rues secondaires avant le 4 juillet, et les pauvres Ailes Blanches qui travaillent jusqu'à leur mort !

"Les statistiques n'ont pas encore prouvé que la cause de décès est la plus répandue parmi les pelleteurs de neige", répondis-je, "mais je suis presque sûr qu'il y a plus de chances que cela leur arrive !"

Je déteste la neige. Car le défaut oculaire qui m'a empêché d'entrer dans l'armée est corrigé par des lunettes pas tout à fait inconvenantes, mais lorsque celles-ci sont mouillées ou embrumées par la neige qui tombe, je suis très gêné. Je décidai donc de rentrer chez moi, si possible, avant la tempête qui était si indubitablement imminente.

Je me blottis dans mon pardessus et enfonçai bien mon chapeau sur ma tête, car le vent soufflait déjà un coup de vent.

"Partez bientôt, Norah," dis-je en ouvrant la porte du couloir, "et s'il s'avère qu'il y a une tempête de neige, vous n'avez pas besoin de vous présenter demain."

"Oh, je serai là, M. Brice," répondit-elle, à sa manière joyeuse, et reprit son clic.

Les bureaux de M. Gately, en face du mien, avaient trois portes donnant sur le hall, ce qui signifiait, je suppose, trois pièces de sa suite.

Ma propre porte était exactement en face de celle du milieu des trois. C'était le numéro deux. À sa gauche se trouvait le numéro un et à sa droite, le numéro trois.

Chacune de ces trois portes avait un panneau supérieur en verre épais et trouble, et comme le hall n'était pas encore éclairé et que les chambres de M. Gately l'étaient, je pouvais voir très clairement les ombres de deux têtes sur la porte du milieu , la porte numérotée. deux.

Peut-être suis-je trop curieux, peut-être était-ce simplement un intérêt naturel, mais je restai immobile un moment, devant ma propre porte, et j'observai les deux têtes dans l'ombre.

Le trouble ondulé du verre rendait leurs contours quelque peu vagues, mais je pouvais distinguer la crinière fine et épaisse d'Amos Gately, telle que je l'avais si souvent vue en photo. L'autre n'était qu'une ombre humaine sans caractéristiques frappantes.

Il était évident que leur entretien n'était pas amical. J'ai entendu un « Non ! » fort et explosif. de l'un ou l'autre d'eux, puis les deux personnages se levèrent et il y eut une lutte corps à corps. Leurs voix indiquaient une querelle désespérée, même si aucun mot ne pouvait être distingué.

Et puis, tandis que je regardais, les ombres se sont fondues les unes dans les autres, se sont balancées, se sont séparées, puis un coup de pistolet a retenti, suivi immédiatement du cri aigu d'une femme.

Impulsivement, je traversai le couloir et tournai la poignée de la porte numéro deux, celle en face de la mienne et celle par laquelle j'avais vu les actions dans l'ombre.

Mais la porte ne s'ouvrait pas.

J'ai hésité un instant, puis je me suis précipité vers la porte suivante à droite, la numéro trois.

Celle-ci aussi était fermée à l'intérieur, alors j'ai couru vers la seule autre porte, la numéro un, à gauche de la porte du milieu.

Cette porte s'est ouverte à mon contact et je me suis retrouvé dans la première des magnifiques chambres d'Amos Gately.

Au-delà d'un rapide coup d'œil admiratif, je ne prêtai aucune attention aux belles prestations et j'ouvris la porte communicante de la pièce voisine ou du milieu.

Celle-ci, comme la première, ne contenait aucun être humain, mais elle était remplie de la fumée et de l'odeur d'un pistolet récemment tiré.

J'ai regardé autour de moi, consterné. C'était la pièce où avait eu lieu l'altercation, où deux hommes s'étaient agrippés, où un coup de pistolet avait été tiré et, en plus, où une femme avait crié. Où étaient ces gens ?

Dans la pièce voisine, bien sûr, j'ai raisonné.

Avec une vive curiosité, je me dirigeai vers la troisième pièce. C'était vide.

Et c'était toutes les pièces de la suite.

Où étaient les gens que j'avais vus et entendus ? Autrement dit, j'avais vu leurs ombres sur la porte vitrée, et les ombres humaines ne peuvent apparaître sans que des personnes ne les projettent. Où étaient les hommes qui avaient combattu ? Où était la femme qui avait crié ? Et qui étaient-ils ?

Abasourdi, je parcourus les pièces. Leurs diverses utilisations étaient assez claires. Le numéro un était le bureau d'entrée. Il y avait un bureau de réception, une machine à écrire, des chaises de réception et tous les effets de la première étape d'un entretien avec le grand homme.

Le deuxième bureau était sans aucun doute le sanctuaire de M. Gately. Une superbe table-bureau en acajou se trouvait au milieu du sol, et une grande chaise pivotante d'une finesse inhabituelle se tenait derrière elle. Sur le bureau, les choses étaient quelque peu désordonnées. Le téléphone était renversé, les papiers étaient en désordre, un plumier renversé et une chaise en face de la grande chaise de bureau gisait sur le côté, comme si le visiteur de M. Gately s'était levé précipitamment. La dernière salle, la troisième, était clairement le lieu le plus saint des saints. Assurément, seuls les invités les plus importants ou les plus appréciés y étaient reçus. Il était meublé aussi richement qu'un salon royal, et pourtant le tout dans le goût le plus parfait et dans une harmonie tranquille. La couleur générale des draperies et des tissus d'ameublement était d'un bleu tendre, et de splendides tableaux étaient accrochés aux murs. En outre, il y avait une immense carte de guerre de l'Europe, et des épingles indicatives plantées dessus prouvaient l'intense intérêt de M. Gately pour la progression des événements là-bas.

Mais bien que tenté de contempler les trésors artistiques environnants, j'ai poursuivi avec enthousiasme ma quête des êtres humains disparus que je recherchais.

Il n'y avait personne dans aucune de ces trois pièces, et je ne voyais aucune issue, sauf dans le hall par lequel j'étais entré. J'ai regardé dans trois ou quatre placards, mais ils étaient remplis de livres et de papiers, et je n'ai trouvé aucun signe d'être humain caché, vivant ou mort.

Peut-être que l'étrangeté de tout cela a émoussé mon efficacité. Je m'étais toujours flatté d'être à mon meilleur en cas d'urgence, mais toutes les urgences précédentes dans lesquelles je m'étais retrouvé étaient insignifiantes et sans importance comparées à celle-ci.

J'avais l'impression d'avoir assisté à un spectacle de films. J'avais vu, comme à l'écran, un homme abattu, peut-être tué, et maintenant tous les acteurs avaient disparu aussi complètement qu'à la fin du film.

Alors, car je ne suis pas entièrement dénué de conscience, je me suis rendu compte que j'avais un devoir, qu'il m'incombait de faire rapport à quelqu'un. J'ai pensé à la police, mais était-il bien de les appeler alors que j'avais un rapport aussi vague à faire ? Que pourrais-je leur dire ? Que j'avais vu des ombres se battre ? Vous avez entendu une femme crier ? Une odeur de fumée ? Vous avez entendu le bruit d'un pistolet ? Une pensée fantaisiste m'est venue : le rapport du pistolet était le seul rapport précis auquel je pouvais jurer !

Pourtant, toute la scène était suffisamment précise pour moi.

J'avais vu deux hommes se battre, des ombres, certes, mais des ombres d'hommes réels. J'avais entendu leurs voix s'élever dans une sorte de dissension, j'avais vu une bagarre et j'avais entendu un coup de feu, dont j'avais ensuite senti la fumée, et, ce qui était le plus incriminant, j'avais entendu le cri d'une femme. Un cri aussi de terreur, quant à sa vie !

Et puis, j'étais immédiatement entré dans ces pièces, et je les avais trouvées vides de toute présence humaine, mais avec de la fumée toujours basse, pour prouver que mes observations étaient réelles et n'étaient pas le fruit de mon imagination.

Je croyais avoir des capacités latentes de détective. Eh bien, c'était sûrement l'occasion de l'exercer !

Quel mystère plus ahurissant pourrait-on désirer que d'assister à une fusillade et, en entrant par effraction, de ne trouver aucune victime, aucun criminel et aucune arme !

Je cherchai le pistolet, mais je n'en trouvai pas plus de trace que de la main qui l'avait tiré.

Mon cerveau était bizarre ; Je me répétais sans cesse : « une bagarre, un coup de feu, un cri ! Pas de victime, pas de criminel, pas d'arme !

J'ai de nouveau regardé dans le couloir. J'avais déjà regardé deux ou trois fois, mais je n'avais vu personne. Cependant, je ne pensais pas que le méchant et sa victime étaient descendus par l'ascenseur ou par l'escalier.

Mais où étaient-ils ? Et où était la femme qui avait crié ?

C'était peut-être elle qui avait été abattue. Pourquoi ai-je supposé que M. Gately était la victime ? Ne pourrait-il pas être le criminel ?

L'idée d'Amos Gately dans le rôle du meurtrier était un peu trop absurde ! Pourtant, toute la situation était absurde.

Pour moi, Tom Brice, être impliqué dans ce mystère déroutant était le comble de tout ce qui était incroyable !

Et pourtant, étais-je impliqué ? Il me suffisait de sortir et de rentrer chez moi pour me sortir de tout ça. Personne ne m'avait vu et personne ne pouvait savoir que j'étais là.

Et puis quelque chose de sinistre m'a envahi. Une sorte de peur froide de toute cette affaire ; un sentiment étrange que j'étais entraîné dans un réseau effrayant de circonstances dont je ne pouvais pas honorablement échapper, si, en effet, je pouvais échapper du tout. Les trois pièces Gately, bien qu'éclairées, semblaient sombres et inquiétantes. J'ai regardé par une fenêtre. Le ciel était presque noir et des flocons de neige tombaient. Je réalisai aussi que, même si l'endroit était éclairé, les luminaires étaient ces grands bols d'albâtre et, lorsqu'ils pendaient au plafond, ils semblaient émettre un rayonnement fantomatique qui soulignait l'étrange silence.

Car, dans mon état de plus en plus nerveux, le silence s'intensifiait et il semblait être celui de la mort, et non le simple silence d'une pièce vide.

Je me ressaisis, car je n'avais pas perdu tout sens de mon devoir. Je *dois* faire quelque chose, me dis-je sévèrement, mais quoi ?

Ma main se dirigea vers le téléphone qui se trouvait, retourné sur le côté, sur le bureau de M. Gately.

Mais je reculai rapidement, non pas tant par réticence à toucher à ce qui avait peut-être figuré dans une tragédie que par un instinct obscur qui voulait que tout reste intact, comme un possible point d'écoute.

Indice! Le seul mot m'a aidé à rétablir mon équilibre. Il y avait eu un crime quelconque , du moins il y avait eu une fusillade, et j'en avais été un témoin oculaire, même si mes yeux n'avaient vu que des ombres.

Mon rôle était donc important. Mon devoir était de raconter ce que j'avais vu et de lui apporter toute l'aide possible. Mais je n'utiliserais pas ce téléphone. De toute façon, il doit être en panne, sinon l'opérateur en bas s'en occuperait. Je retournais dans mon propre bureau et j'appelais quelqu'un. Alors que je traversais le couloir, je me demandais encore si cette personne ferait mieux d'être la police ou les gens de la banque en bas. C'est cette dernière solution que j'ai décidé, car c'était à eux de s'occuper de leur président, pas au mien.

J'ai trouvé Norah en train de mettre son chapeau. La vue de ses yeux gris perspicaces et de son visage intelligent a provoqué un élan de confiance, et je lui ai raconté toute l'histoire aussi vite que possible.

« Oh, M. Brice, s'exclama-t-elle, les yeux écarquillés d'excitation, laissez-moi y aller ! Puis-je?"

« Attendez une minute, Norah : je pense que je devrais parler aux gens de la banque. Je pense que je vais téléphoner et demander si M. Gately est là-bas.

Vous savez que ce n'était peut-être pas du tout M. Gately, dont j'ai vu l'ombre… »

« Ooh, oui, ça l'était ! Vous ne pouviez pas vous tromper sur sa tête, et qui d'autre serait là-dedans ? S'il vous plaît, monsieur Brice, attendez juste une minute avant de téléphoner, laissez-moi jeter un coup d'œil autour de vous, vous ne voulez pas faire un… avoir l'air stupide, vous savez.

Elle avait tellement failli me mettre en garde contre le fait de me ridiculiser que j'ai compris l'allusion et je l'ai suivie à travers le couloir.

Elle entra rapidement par la porte de la chambre numéro un. Un coup d'œil autour et elle dit : « C'est le premier bureau, vous voyez : les appelants viennent ici, la secrétaire ou le sténographe prend leurs noms et tout ça, et les fait entrer dans le bureau de M. Gately.

Pendant que Norah parlait, elle se dirigea vers la deuxième pièce. Ignorant sa grandeur et son luxe, elle lança ici et là des regards rapides et rapides et dit positivement : « Bien sûr, c'est M. Gately qui a été abattu, et par une femme aussi !

« La femme qui a crié ? »

« Non : plus probablement pas. Je suppose que la femme qui a crié était sa sténographe. Je la connais, du moins je l'ai vue. Un petit gigue au visage de poupée, qui occupe la troisième place du refrain à partir de la fin ! Soyez sûr qu'elle crierait au coup de pistolet, mais pas la dame qui a tiré.

"Mais j'ai vu la mêlée et c'est un homme qui a tiré."

"Es-tu sûr? Ce verre épais et trouble brouille une ombre au-delà de la reconnaissance.

« Alors, qu'est-ce qui te fait penser que c'était une femme ?

"Ça", et Norah montra une épingle à chapeau qui se trouvait sur le grand bureau.

C'était une belle épingle, avec une grosse tête, mais quand j'étais sur le point de la ramasser, Norah m'en dissuada.

« N'y touchez pas », prévint-elle ; "Vous savez, monsieur Brice, nous n'avons vraiment aucun droit ici et il ne faut simplement toucher à rien."

« Mais, Norah, » ai-je commencé, mon bon sens et mon bon jugement m'étant revenus avec l'avènement de la compagnie humaine, « je ne veux rien faire de mal. Si nous n'avons pas le droit ici, pour l'amour du ciel, partons ! »

"Oui, dans une minute, mais laisse-moi réfléchir à ce que tu devrais faire. Et, oh, laissez-moi prendre une minute pour regarder autour de moi ! »

"Pas de fille; ce n'est pas le moment de satisfaire votre curiosité ou de profiter de ces... »

« Oh, je ne veux pas dire ça ! Mais je veux voir s'il n'y a pas un indice ou une preuve dans tout cela. C'est trop bizarre ! trop impossible que trois personnes aient disparu dans le néant ! Où sont-elles?"

Norah a regardé dans les mêmes placards que j'avais explorés ; elle écarta les tentures et les portières des fenêtres , elle jeta un coup d'œil hâtif sous les bureaux et les tables, non pas tant, j'en étais sûr, dans l'attente de trouver quelqu'un, que dans l'idée générale de fouiller les lieux à fond.

Elle examina les accessoires du bureau du sténographe.

« Tout est parfait, » commenta-t-elle, « mais très peu de travail réel est fait ici. J'imagine que ces bureaux de M. Gately sont davantage destinés à des conférences privées et à des rendez-vous personnels qu'à de véritables affaires professionnelles.

— Ce qui expliquerait l'épingle à chapeau de la dame, observai-je.

"Oui; mais comment sont-ils sortis ? Vous avez immédiatement regardé dans le couloir, dites-vous ?

"Oui; J'ai traversé rapidement ces trois pièces, puis j'ai immédiatement regardé dans le couloir, et il n'y avait aucun ascenseur en vue et je ne pouvais voir personne dans les escaliers.

« Eh bien, il n'y a pas grand chose à voir ici. Je suppose que tu ferais mieux d'appeler les gens de la banque. Mais s'ils pensaient qu'il y avait quelque chose d'étrange , ils seraient là à cette heure-là.

J'ai laissé Norah dans les appartements de M. Gately pendant que je retournais à mon propre bureau et appelais la Puritan Trust Company.

Une voix polie m'a assuré qu'ils ne savaient rien de l'endroit où se trouvait M. Gately à ce moment-là, mais que si je laissais un message , il finirait par le recevoir.

Alors, je leur ai raconté en partie ce qui s'était passé, ou plutôt ce que je croyais qu'il s'était passé, et toujours un peu indifférent, l'homme poli a accepté d'envoyer quelqu'un.

« Des gens bouchés ! » Dis-je à Norah en retournant dans la pièce où elle se trouvait. "Ils semblaient me trouver officieux."

«Je craignais qu'ils le fassent, M. Brice, mais il fallait le faire. Il ne fait aucun doute que M. Gately a quitté cette pièce en toute hâte. Vous voyez, voici son chéquier personnel sur son bureau, et il a tiré un chèque aujourd'hui.

« Rien de remarquable à ce qu'il ait tiré un chèque, ai-je observé, mais c'est décidément étrange de laisser son chéquier si négligemment. Comme tu le dis, Norah, il est parti précipitamment.

« Mais comment est-il parti ?

« C'est le mystère ; et moi, pour ma part, j'y renonce. Je suis tout à fait disposé à attendre qu'un cerveau plus puissant que le mien résolve le problème.

« Mais c'est incompréhensible », poursuivit Norah ; "Où est Jenny?"

« D'ailleurs, répliquai-je, où est M. Gately ? Où est son visiteur en colère, homme ou femme ? et enfin, où est le pistolet qui faisait du bruit et de la fumée dont j'avais des preuves positives ?

« Nous pourrions trouver cela », suggéra Norah avec espoir.

Mais des recherches minutieuses n'ont permis de découvrir aucune arme à feu, tout comme les acteurs du drame.

Le représentant de la banque n'est pas non plus venu immédiatement. Cela me parut étrange, pensai-je, et avec une envie soudaine de découvrir quelque chose, je déclarai que j'allais moi-même à la banque.

"Continuez", dit Norah, "je resterai ici, car je dois savoir ce qu'ils découvriront quand ils viendront."

Je suis sorti dans le couloir et j'ai appuyé sur le bouton « Descendre » de l'ascenseur.

« Soyez prudent, m'a prévenu Norah alors qu'on entendait la voiture monter, dites très peu de choses, M. Brice, sauf aux autorités compétentes. Cela peut être une chose terrible, et vous ne devez pas vous y mêler avant d'en savoir plus. Non seulement vous avez été le premier à découvrir la disparition, mais vous et moi sommes apparemment les seuls dans ce couloir à être au courant, nous pourrions être… »

« Soupçonné de l'enlèvement d'Amos Gately ! À peine! Ne laisse pas ton instinct de détective s'enfuir avec toi Norah ! »

Et puis la porte de l'ascenseur s'est ouverte et je suis montée dans la voiture.

CHAPITRE II
La version de Jenny

Les ascenseurs du bâtiment étaient gérés par des filles, et celle dans laquelle je suis entré était responsable de Minny Boyd, une sœur de Jenny, qui se trouvait dans le bureau de M. Gately.

Dès que je suis monté dans la voiture , j'ai vu que Minny était dans un état d'excitation.

"Quel est le problème?" Ai-je demandé avec sympathie.

"Oh, M. Brice," et la jeune fille fondit en larmes, "Jenny a dit..."

"Eh bien", ai-je insisté alors qu'elle hésitait, "qu'est-ce que Jenny a dit?"

"Tu n'en sais rien ?"

"À propos de quoi?" Ai-je demandé, essayant d'être décontracté.

"Eh bien, à propos de M. Gately."

« Et lui ?

"Il est parti! Disparu!"

« Amos Gately ? Le président de la Puritan Trust Company ! Minny , qu'est-ce que tu veux dire ?

« Eh bien, M. Brice, il y a peu de temps à peine, j'ai fait tomber Jenny. Elle pleurait comme tout et elle a dit que M. Gately avait été abattu !

"Tir?"

"Oui, c'est ce qu'elle a dit——"

« Qui lui a tiré dessus ? »

« Je ne sais pas, mais Jenny était presque folle ! Je lui ai dit d'aller à la cantine, c'est là que vont les filles lorsqu'elles ne sont pas en service, et je lui ai dit que je viendrais la voir dès que je pourrais. Je ne peux pas laisser ma voiture, tu sais.

«Bien sûr que non, Minny », ai-je accepté; « mais que voulait dire Jenny ? A-t-elle vu M. Gately abattu ?

"Non, je ne crois pas , mais elle a entendu un coup de pistolet et elle... elle..."

"Qu'a-t-elle fait?"

« Elle a couru dans le bureau privé de M. Gately, et il n'était pas là ! Et puis elle... oh, je suppose qu'elle n'avait pas le droit de le faire , - mais elle a couru vers sa chambre personnelle, celle où elle n'a jamais le droit d'aller, et il n'y avait personne ! Alors Jenny a eu une peur folle, et elle a couru ici, dans le couloir, je veux dire, et je l'ai emmenée en bas, et oh, M. Brice, je dois m'arrêter à cet étage, il y a un appel... et s'il vous plaît, n'en dites rien... je veux dire, ne dites rien que j'ai dit... car Jenny m'a dit de ne pas... »

J'ai vu que Minny était très perturbée et je me suis abstenu de l'interroger davantage, car à ce moment-là nous nous sommes arrêtés au septième étage et un homme est entré dans l'ascenseur.

Je le connaissais , c'est-à-dire que je savais qu'il s'appelait George Rodman, mais je ne le connaissais pas suffisamment pour lui parler.

donc descendus tous les trois en silence, avons dépassé les autres étages et avons atteint le rez-de-chaussée, où Rodman et moi sommes sortis.

En attendant de monter, j'ai trouvé M. Pitt, un commis aux escomptes de la Puritan Trust Company.

"C'est M. Brice?" » dit-il d'une manière supérieure.

J'étais mécontent de cette supériorité, mais j'ai admis sa douce mise en accusation.

"Et vous dites qu'il y a quelque chose sur lequel enquêter dans les bureaux de M. Gately ?" » a-t-il continué, comme si j'étais un administrateur alimentaire, ou quelque chose du genre.

"Eh bien," répliquai-je un peu sèchement, "j'ai eu le hasard de voir, d'entendre et de sentir un coup de pistolet, et en approfondissant l'affaire, je n'ai pas réussi à montrer que quelqu'un avait été tué ou blessé ou, en fait, j'ai omis de révéler qui que ce soit sur le champ. travail, et j'avoue que tout cela me semble vraiment bizarre !

« Et puis-je vous demander pourquoi cela vous plaît en tant que pédé ? »

J'ai regardé l'ami Pitt droit dans les yeux et j'ai dit : « Cela me semble étrange qu'un président de banque doive disparaître de son existence et même de ses affiliations commerciales en une minute sans aucune reconnaissance de ce fait. »

"Peut-être surestimez-vous un intérêt extérieur", a déclaré Pitt. "Vous devez savoir que ce que M. Gately fait pendant ses heures de loisirs ne regarde pas vraiment la Puritan Trust Company."

"Très bien, M. Pitt," répondis-je, "alors allons interroger la jeune femme qui est la sténographe de M. Gately et qui est encore en ce moment hystérique dans la cantine des employés."

M. Pitt a semblé dûment impressionné et nous sommes allés ensemble trouver Jenny.

La salle à manger des employés de l'immeuble était un endroit agréable, au rez-de-chaussée, et nous y trouvions Jenny, la sténographe aux cheveux jaunes d'Amos Gately.

La jeune fille était sans aucun doute hystérique et son récit de la fusillade était décousu et incohérent.

De plus, M. Pitt était du genre hautain, du genre à ne jamais croire en rien, et son attitude, lorsqu'il écoutait l'histoire de Jenny, était incrédule et presque moqueuse.

Ainsi, l'histoire de Jenny, bien qu'éclairante pour moi, avait, j'en étais sûr, pour Pitt, peu de valeur.

« Oh », s'est exclamée Jenny, « j'étais dans ma chambre, la première pièce, et je ne voulais pas écouter , je ne le fais jamais ! et puis, tout d'un coup, j'ai entendu quelqu'un menacer M. Gately ! Cela m'a fait écouter – peu m'importe si c'était mal – et puis j'ai entendu quelqu'un se disputer avec M. Gately.

"Comment sais-tu qu'ils se disputaient ?" intervint la voix froide de Pitt.

« Je ne pouvais pas m'empêcher de le savoir, monsieur. J'ai entendu la voix habituellement agréable de M. Gately s'élever comme s'il était en colère, et j'ai entendu la voix du visiteur, haute et en colère également.

« Vous ne connaissiez pas la voix du visiteur ? tu ne l'avais jamais entendu auparavant ? demanda Pitt.

"Non monsieur; Je n'ai aucune idée de qui il aurait pu être ! et la petite Jenny, insensée, se retenait et ressemblait à une *ingénue innocente* .

Je suis entré par effraction.

"Mais n'avez-vous pas admis tous les visiteurs ou appelants chez M. Gately ?" ai-je demandé.

Jenny m'a regardé. «Non, monsieur», répondit-elle; « J'ai reçu tous ceux qui se présentaient à ma porte, mais il y en avait d'autres !

« Où sont-ils entrés ? demanda Pitt.

« Oh, ils sont entrés par les autres portes. Vous voyez, je ne m'occupais que de ma propre chambre. Bien sûr, si Miss Raynor venait, ou quelqu'un que M. Gately connaissait personnellement… » Jenny fit une pause discrète.

« Et Miss Raynor est-elle venue ce matin ? J'ai demandé.

"Oui," répondit Jenny, "elle l'a fait. Ce n'est pas ce matin, mais en début d'après-midi. Je connais très bien Miss Raynor.

M. Pitt parut un peu troublé par son calme habituel et, avec une évidente réticence, me dit : « Je pense, M. Brice, que cette affaire est plus sérieuse que je ne le pensais. Il me semble qu'il serait sage de confier toute l'affaire à M. Talcott, le secrétaire de la Trust Company.

Maintenant, j'étais trop heureux de confier l'affaire à quelqu'un qui pouvait être considéré comme faisant autorité, et j'ai immédiatement accepté.

« De plus, » dit M. Pitt en jetant un regard anxieux à Jenny, « je pense qu'il serait bon d'emmener cette jeune femme, car elle est la secrétaire de M. Gately et sait peut-être... »

« Oh non, monsieur, s'écria Jenny, je ne sais rien ! S'il vous plaît, ne me posez pas de questions !

La perturbation de Jenny parut rendre les intentions de M. Pitt plus précises, et il rassembla la jeune femme, tout en m'entraînant.

En un instant, nous entrions tous dans les bureaux de la Puritan Trust Company.

Et ici, M. Pitt disparut de notre vue, et il nous quitta en présence auguste de M. Talcott, le secrétaire de la Compagnie.

Je me suis retrouvé dans l'atmosphère calme et agréable du bureau habituel d'un banquier, et M. Talcott, un aimable gentleman appartenant à l'aristocratie d'âge moyen, a commencé à m'interroger.

« Il me semble, M. Brice, commença-t-il, que votre histoire à propos de M. Gately est non seulement importante mais mystérieuse.

«Je le pense, M. Talcott,» répondis-je, «et pourtant, tout le problème est de savoir si M. Gately se trouve actuellement dans l'un de ses bureaux, ou peut-être chez lui, ou si son on ne sait pas où il se trouve.

« Bien sûr, M. Brice, poursuivit le secrétaire, cela ne nous regarde pas où se trouve M. Gately, en dehors de ses heures d'ouverture de banque ; et pourtant, compte tenu du rapport de M. Pitt sur votre compte, il nous incombe, à nous, dirigeants de la société de fiducie, d'examiner la question. Voulez-vous, s'il vous plaît, me dire tout ce que vous savez sur les circonstances de la disparition de M. Gately, s'il a disparu ?

"S'il a disparu!" J'ai répliqué; " et, je vous prie, monsieur, s'il n'a pas disparu, où est-il ? "

M. Talcott, toujours impassible, répondit : « C'est une question de côté pour le moment. Qu'en savez-vous, monsieur Brice ?

Je lui ai répondu en lui racontant tout ce que je savais de toute cette affaire, depuis le moment où j'ai vu les ombres pour la première fois jusqu'au moment où je suis descendu dans l'ascenseur et où j'ai rencontré M. Pitt.

Il a écouté avec la plus grande attention, puis, apparemment peu impressionné par mon histoire, a commencé à interroger Jenny.

Cette jeune femme instable avait retrouvé son équilibre mental et était plus que prête à s'étendre sur ses expériences.

"Oui, monsieur", dit-elle, "j'étais assise à mon bureau et personne n'était entré depuis environ une heure, quand, tout à coup, j'ai entendu parler dans la chambre de M. Gately."

« Est-ce que les appelants passent généralement par votre chambre ? » » s'enquit M. Talcott.

"Oui, monsieur , à moins qu'ils ne soient les amis personnels de M. Gately, comme Miss Raynor ou quelqu'un d'autre."

"Qui est Miss Raynor?" Je suis entré par effraction.

«Sa pupille», dit brièvement M. Talcott. « Vas-y, Jenny ; personne n'était entré dans ta chambre ?

"Non monsieur; et ainsi, j'ai été surpris d'entendre quelqu'un se disputer avec M. Gately.

« Mise au rebut ?

"Oui Monsieur; une sorte de querelle, vous savez ; JE--"

"As-tu écouté?"

"Pas exactement ça, monsieur, mais je n'ai pas pu m'empêcher d'entendre les voix en colère, même si je n'ai pas compris les mots."

"Faites attention, Jenny," le ton de Talcott était sévère, "ne présumez pas plus que ce que vous pouvez être sûr de vouloir dire."

"Alors je ne peux rien supposer", dit Jenny d'un ton vif, "car je n'ai pas entendu un seul mot, seulement j'étais sûr qu'ils étaient tous les deux en train de se battre."

« Vous avez donc entendu des voix en colère ?

"Oui, monsieur, juste ça. Et juste après, un coup de pistolet.

"Dans la chambre de M. Gately?"

"Oui Monsieur. Et puis j'ai couru là-bas pour voir ce que cela signifiait … »

"Tu n'as pas eu peur ?"

"Non monsieur; Je n'ai pas pensé qu'il y avait de quoi avoir peur. Mais quand je suis entré là-dedans et que j'ai vu… »

"Eh bien, continue , qu'as-tu vu ?"

"Un homme, un pistolet à la main, sortant en courant vers la porte..."

"Quelle porte?"

« La porte du numéro trois, c'est la chambre privée de M. Gately, eh bien, il sortait en courant par cette porte, un pistolet à la main, et le pistolet fumait, monsieur !

Le petit visage idiot de Jenny était rouge d'excitation et ses lèvres tremblaient alors qu'elle racontait son histoire. Il était impossible de ne pas la croire, il ne pouvait y avoir aucun doute sur sa fidélité aux détails.

Mais Talcott était imperturbable.

« Le pistolet fumait, répéta-t-il, où est allé l'homme avec ?

«Je ne sais pas, monsieur», dit Jenny; "J'ai couru vers le couloir après lui, - je crois l'avoir vu courir dans l'escalier, mais moi, - j'avais tellement peur avec tout cela, j'ai sauté dans l'ascenseur, - l'ascenseur de Minny , - et je suis descendu moi-même. "

"Et puis?" » demanda Talcott.

« Alors, monsieur… oh ! je ne sais pas… je crois que j'ai perdu la tête… tout cela était si bizarre, vous savez… »

« Oui, oui, » dit Talcott d'un ton apaisant, — c'était un homme des plus courtois, «oui, Miss Jenny, — je ne m'étonne pas que vous soyez bouleversée. Maintenant, je pense que si vous nous accompagnez, nous monterons dans les appartements de M. Gately.

Il me semblait que M. Talcott ne prêtait pas suffisamment attention à ma présence, mais je lui pardonnais, car j'étais sûr qu'il serait trop heureux de recourir plus tard à mes services. Je l'ai donc suivi, ainsi que Jenny, jusqu'aux bureaux du président de la banque.

Nous ne montâmes pas dans l'ascenseur de Minny , mais dans un autre, et notre apparition à la porte du bureau numéro un de M. Gately fut accueillie par Norah, ma Norah, qui nous reçut avec un air grave et important.

Elle n'était pas impressionnée par la vue de M. Talcott, aussi imposant soit-il, et se moquait clairement de Jenny, qui avait déjà adopté une attitude désinvolte.

Mais Jenny était assez maître d'elle et, d'un mouvement de tête vers Norah, elle commença à s'expliquer.

«J'étais ici, à mon bureau, M. Talcott», commença-t-elle avec volubilité; "et dans le bureau de M. Gately, j'ai entendu quelqu'un parler assez brusquement..."

"Un homme?"

"Oui Monsieur."

« Comment est-il entré, sinon par votre chambre ?

"Oh, les gens franchissaient souvent les portes du couloir du numéro deux ou trois, et parfois ils passaient par ma chambre."

"Qui est passé par ta chambre cet après-midi ?"

« Seulement trois personnes. Un vieil homme nommé Smith… »

« Quelles étaient ses affaires ? »

« Je n'en suis pas tout à fait sûr, mais cela était dû au fait qu'il recevait une partie de son salaire de M. Gately ; il était déprimé et il espérait que M. Gately l'aiderait à s'en sortir.

"Et il l'a fait?"

« Oh oui, monsieur ! M. Gately a toujours eu un cœur tendre et n'a jamais refusé quelqu'un dans le besoin.

« Et les autres appelants ?

– Il y avait une vieille dame qui s'occupait de la pension de son mari… et…

"Bien? Je suppose que tous les appelants n'étaient pas des bénéficiaires ? »

"Non monsieur. L'une d'elles était une–une dame.»

"Une dame? Décris-la."

"Eh bien, c'était Miss Olive Raynor, de la pupille de M. Gately."

« Oh, Mlle Raynor. Eh bien, ça ne sert à rien de discuter d'elle. Y avait-il d'autres dames ?

"Non monsieur."

« Ni aucun autre homme ?

"Non monsieur; c'est-à-dire pas dans ma chambre. Vous savez, les gens pouvaient entrer dans les bureaux privés de M. Gately sans passer par ma chambre.

"Oui je sais. Mais tu ne pouvais pas les voir ?

"Seulement faiblement, à travers la vitre trouble entre ma chambre et celle de M. Gately."

"Et qu'avez-vous vu des appelants dans la chambre de M. Gately juste avant d'entendre le coup de feu ?"

Jenny avait l'air dubitative. Elle semblait encline à ne pas dire tout ce qu'elle savait. Mais M. Talcott a parlé sèchement.

«Viens», dit-il; « Parlez. Dites tout ce que vous savez.

«Je n'ai entendu personne entrer», dit lentement Jenny; " et puis, tout d'un coup, j'ai entendu des voix fortes, — et puis, j'ai entendu des paroles querelleuses ... "

« Une dispute ?

« Oui, monsieur, comme si quelqu'un menaçait M. Gately. Je n'ai pas entendu clairement, mais j'en ai entendu suffisamment pour me faire regarder par la fenêtre entre les deux pièces... »

"Cette fenêtre?"

"Oui, monsieur", et Jenny hocha la tête en direction de la vitre trouble entre sa chambre et le bureau de M. Gately. "Et j'ai vu des sortes d' ombres, et puis en une minute, j'ai vu les ombres se lever - vous savez, M. Gately et un autre homme, et puis, j'ai entendu un coup de pistolet et j'ai crié!"

"C'est donc ton cri que j'ai entendu!" M'écriai-je.

"Je ne sais pas", a répondu Jenny, "mais j'ai crié, parce que j'ai terriblement peur des coups de pistolet et je ne savais pas qui tirait."

"Qu'avez-vous fait ensuite?" » demanda M. Talcott, de sa manière tranquille.

«J'ai couru dans la chambre de M. Gately...»

« Et tu n'avais pas peur ?

« Pas pour moi. J'avais peur du coup de feu, j'ai toujours peur des armes à feu, mais je voulais savoir ce que je faisais. Alors, j'ai ouvert la porte et je suis entré en courant... »

"Oui; et?"

"Je n'ai vu personne dans la chambre de M. Gately , je veux dire cette pièce à côté de la mienne, alors j'ai couru jusqu'à la troisième pièce, je ne suis pas censé y entrer, mais je l'ai fait, et là j'ai vu un Un homme qui sortait dans le hall et avait à la main un revolver fumant.

« Dans le hall ? L'avez-vous suivi ?

" Bien sûr que je l'ai fait! Mais il a dévalé l'escalier en courant. Je ne suis pas descendu par là, parce que je pensais descendre plus vite et le faire fuir en descendant dans l'ascenseur.

« Alors tu es descendu dans l'ascenseur ? »

"Oui Monsieur. C'était celui de Minny ascenseur, — Minny est ma sœur, — et après être entré, — et avoir vu Minny , je suis devenu un peu hystérique et nerveux, et je ne me souvenais plus de ce que je faisais.

"Qu'est devenu cet homme ?" » demanda Talcott, indifférent aux nerfs de Jenny.

« Je ne sais pas, monsieur. J'étais tellement secoué... et je ne l'ai vu qu'un instant... et... »

« Le reconnaîtriez-vous si vous le revoyiez ?

"Je ne sais pas, je ne pense pas."

"J'aimerais que vous puissiez dire oui, cela peut être de la plus haute importance."

Mais Jenny semblait mécontente du désir de M. Talcott.

« Je ne vois pas comment vous pourriez vous y attendre, monsieur, » dit-elle d'un ton mesquin ; « Je ne l'ai vu que brièvement , — j'étais mort de peur au bruit du coup de pistolet, — et quand j'ai fait irruption dans cette pièce et trouvé M. Gately parti, j'étais tellement confus que je ne savais pas ce que j'allais faire. ! Ce que je n'ai pas fait !

"Et pourtant," remarqua doucement Norah, "après que vous soyez descendu et que ces messieurs vous aient trouvé dans la salle à manger, vous étiez parfaitement calme et serein…"

"Rien de la sorte!" » répondit Jenny ; « Je suis tout à bout ! Mes nerfs sont complètement à plat !

« Tout à fait », dit gentiment M. Talcott, « et je vous suggère de retourner à la salle à manger, Miss Jenny, pour vous reposer et vous calmer. Mais s'il vous plaît, restez là jusqu'à ce que je vous appelle à nouveau.

Jenny parut un peu déçue d'être ainsi écartée des projecteurs, mais comme M. Talcott lui tenait la porte ouverte, elle n'eut d'autre choix que de partir, et nous l'entendîmes bientôt descendre dans l'ascenseur de sa sœur.

« Maintenant, reprit M. Talcott, nous allons approfondir cette question.

« Vous voyez, » continua-t-il, s'adressant, à ma grande surprise, autant à Norah qu'à moi-même, « je ne peux pas vraiment appréhender que quelque chose de grave soit arrivé à M. Gately. Car, si le coup de feu que Jenny a entendu, et que vous, M. Brice, avez entendu, avait tué M. Gately, le corps, bien sûr, serait ici. Encore une fois, si le coup de feu l'avait blessé grièvement, il s'arrangerait d'une manière ou d'une autre pour faire connaître son état. Par conséquent, je suis sûr que M. Gately va absolument bien ou, s'il est légèrement blessé, il se trouve dans une antichambre ou dans la chambre d'un ami à proximité. Et si tel est le cas, je veux dire, si notre M. Gately est malade ou blessé, nous devons le retrouver. Il faut donc procéder à des recherches minutieuses.

«Mais», dit Norah, «peut-être que M. Gately est rentré chez lui. Il n'y a aucune assurance positive que ce ne soit pas le cas.

M. Talcott regarda Norah avec attention. Il ne semblait pas la considérer comme une jeune personne impertinente, mais il prenait sa suggestion au sérieux.

"C'est peut-être le cas", a-t-il reconnu. "Je pense que je vais appeler sa résidence."

Il l'a fait et j'ai déduit de ses remarques au téléphone qu'Amos Gately n'était pas chez lui, ni que sa nièce, Miss Olive Raynor, n'y était.

Talcott a passé un ou deux autres appels et j'ai finalement appris qu'il avait localisé Miss Raynor.

Car : « Très bien », dit-il ; "J'espère donc vous voir ici dans dix ou quinze minutes."

Il a raccroché — il avait utilisé l'instrument dans la chambre de Jenny, et non celui qui était en colère sur le bureau de M. Gately — et il a garanti :

«Je pense que tout va bien. Miss Raynor dit qu'elle a vu son oncle ici cet après-midi, peu après le déjeuner, et il a dit qu'il était sur le point de quitter le bureau pour la journée. Elle pense qu'il est à son club ou sur le chemin du retour. Cependant, elle vient par ici, car elle est dans la limousine, et craignant une tempête, elle veut ramener M. Gately chez elle.

CHAPITRE III
L'ascenseur

M. Talcott est retourné dans la pièce du milieu et a examiné plus attentivement l'état perturbé des choses autour et sur le bureau de M. Gately.

« Il est certain que M. Gately a quitté la pièce en toute hâte », a-t-il déclaré, « car voici ce qui est sans aucun doute un chéquier privé et personnel laissé ouvert. Je prendrai sur moi la responsabilité de le ranger, du moins pour le moment.

M. Talcott ferma le chéquier et le rangea dans un petit tiroir du bureau.

"Pourquoi ne ranges-tu pas aussi cette épingle à chapeau?" suggéra Norah en regardant l'épingle avec curiosité. "Je ne pense pas qu'il appartienne à Miss Raynor."

«Prenez-le par le bord», prévins-je; "Je tire peut-être des conclusions hâtives, mais il est possible qu'un crime ait été commis, et nous devons préserver ce qui *pourrait* constituer des preuves."

"Tout à fait vrai, M. Brice", acquiesça Talcott, et il ramassa délicatement l'épingle en prenant les bords de sa tête ornée entre son pouce et son index. La tête était un scarabée égyptien – je ne saurais dire s'il était réel ou non – et elle était posée sur un support plat en or. Ce dos pourrait facilement contenir l'empreinte du pouce de la femme qui avait retiré cette épingle de son chapeau dans le bureau de M. Gately. Et qui, supposa Norah, était la personne qui avait tiré avec le pistolet que j'avais entendu tirer.

Plaçant l'épingle à chapeau dans le tiroir avec le chéquier, M. Talcott verrouilla le tiroir et glissa la clé dans sa poche.

Je me demandais s'il avait vu dans le livre une entrée qui lui donnait envie de cacher les affaires privées de M. Gately aux regards curieux.

"Il y a en effet une possibilité que quelque chose ne va pas", a-t-il poursuivi, "au début , je ne pouvais pas le penser, mais en voyant cette pièce, cette chaise renversée et ce téléphone renversé, en rapport avec la fusillade, comme vous l'avez entendu, M. Brice, cela semble certainement inquiétant. Et le plus mystérieux ! Deux personnes qui se disputent, un coup de feu tiré par l'un ou l'autre, et aucune trace de l'agresseur, de sa victime, ni de son arme ! Or, il y a trois propositions, dont l'une *doit* être la vérité. M. Gately est bel et bien vivant, il est blessé ou il est tué. Cette dernière solution semble impossible, car son corps n'aurait pas pu être emporté sans être découvert ; s'il était blessé, je pense qu'il faudrait le savoir aussi ; donc, j'ai toujours l'impression que tout va bien. Mais jusqu'à ce que nous puissions le prouver, nous devons poursuivre nos recherches.

"Oui", ai-je accepté, "recherchez M. Gately et recherchez également l'homme qui était ici et qui s'est disputé avec lui."

"Ou la femme", a insisté Norah.

«Je ne peux pas penser que c'était une femme», dis-je. « Même si l'ombre était indistincte, elle m'a semblé être celle d'un homme, les mouvements et les attitudes étaient masculins, si je me souviens bien. L'épingle à chapeau a peut-être été laissée ici ce matin ou à tout moment.

"Il faut retrouver le visiteur", a déclaré M. Talcott, "mais je ne sais pas comment s'y prendre."

«Demandez aux filles de l'ascenseur», suggérai-je; "L'un d'eux a dû amener l'appelant ici."

Nous l'avons fait, mais les employés des trois ascenseurs ont tous nié avoir amené quelqu'un dans les bureaux de M. Gately depuis le vieil homme et la vieille dame mentionnés par Jenny.

Miss Raynor avait également été élevée par l'une des filles, mais nous ne pouvions pas vraiment savoir si elle était venue avant ou après les deux autres.

En attendant le retour de Miss Raynor, j'ai essayé de faire une petite déduction scientifique à partir de toute preuve que je pourrais remarquer.

Mais j'ai obtenu peu d'informations. Le sous-main, l'encrier et les plumes étaient dans un état impeccable, sans doute renouvelés chaque jour par un préposé attentif. Tous les accessoires mineurs, tels que les presse-papiers et les ouvre-lettres, étaient de styles individuels et fabriqués à partir de matériaux précieux.

Il y avait des accessoires pour fumer élaborés et une belle rose unique dans un grand vase en argent.

« Pouvez-vous lire quelque chose concernant le mystère, M. Brice », a demandé Talcott, notant mon examen attentif.

"Non; rien de précis. En fait, rien d'important. Je vois qu'à une occasion au moins, M. Gately a fait attendre un chauffeur pendant un temps inadmissible, et que l'homme a finalement été obligé de partir sans lui.

« Eh bien, maintenant, comment devinez-vous cela ? » et M. Talcott avait l'air décidément intéressé.

« Comme la plupart de ces déductions spectaculaires, répondis-je, l'explication enlève tout son charme. Il y a un chèque de voiture sur le bureau, une de ces drôles de cartes avec beaucoup de trous circulaires. Cela a dû être remis à M. Gately lorsqu'il a laissé sa voiture, ou peut-être un taxi, devant un hôtel ou un magasin. Comme il n'a pas renoncé, le chauffeur a dû l'attendre jusqu'à ce qu'il soit fatigué.

« Il est peut-être parti avec un ami et a fait dire à cet homme de ne pas attendre », proposa Talcott.

«Mais ensuite, il aurait envoyé le call-check-out pour l'identifier. Quelle drôle de chose c'est », et j'ai ramassé la carte, avec ses sept trous ronds disposés selon une disposition cabalistique.

«Peut-être que l'appelant l'a laissé», dit Norah; "Peut-être qu'il ou elle est venu ici en taxi ou en voiture, et..."

« Non, Norah, dis-je, de tels chèques ne sont pas distribués dans un immeuble de ce genre. Uniquement dans les hôtels, les théâtres ou les magasins.

« Cela n'a aucune importance », et M. Talcott haussa légèrement les épaules avec impatience ; "Le problème, c'est où est M. Gately ?"

Agité et incapable de rester assis, je me dirigeai vers la troisième pièce. J'avais entendu parler de ce sanctuaire, mais je ne m'attendais jamais à en voir l'intérieur. L'envie m'est venue maintenant de profiter au maximum de cette opportunité, car lorsque M. Gately reviendrait, je pourrais être sommairement, quoique courtoisement, expulsé.

L'effet de la pièce était celui d'une splendeur digne. Cela avait évidemment été fait mais pas exagéré par un décorateur qui était un véritable artiste. La couleur prédominante était un bleu doux et profond, et les tapis et tissus étaient riches et luxueux. Il y avait quelques belles peintures dans des cadres dorés et la grande carte de guerre occupait la plus grande partie d'un espace mural lambrissé. Les chaises étaient spacieuses et rembourrées, et un immense davenport se dressait devant une large cheminée, où brûlaient joyeusement quelques bûches.

Un endroit confortable pour recevoir des amis, ai-je réfléchi, puis, en retournant vers la pièce du milieu, j'ai reconstitué les mouvements des deux personnes que j'avais vues dans l'ombre.

« Alors qu'ils se levaient, dis-je à M. Talcott, Amos Gately était derrière cette grande table-bureau, et l'autre homme, car je pense toujours que c'était un homme, était en face. L'autre homme renversa sa chaise en se levant, il dut donc se lever précipitamment. Puis le coup de feu a été tiré et les deux hommes ont disparu. Comme Jenny est entrée immédiatement dans la pièce et a vu l'homme étrange traverser la troisième pièce et se diriger vers les escaliers, nous sommes forcés de conclure que M. Gately l'a précédé.

"En bas des escaliers?" » a demandé M. Talcott.

« Oui, pour le vol, au moins, sinon Jenny l'aurait vu. De plus, j'aurais dû le voir s'il était resté dans cette salle.

« Et la femme ? » demanda Norah, « qu'est-elle devenue ? »

"Je ne pense pas qu'il y ait eu de femme présente à ce moment-là", répondis-je. "L'épingle à chapeau a sans aucun doute été laissée par une femme qui nous appelait, mais nous n'avons aucune raison de supposer qu'elle était là au moment où la fusillade a eu lieu."

"Je ne vois aucune raison pour laquelle quelqu'un devrait tirer sur M. Gately", a déclaré Talcott d'un ton pensif. "C'est un gentleman des plus estimables, l'âme d'honneur et de droiture."

«Bien sûr», ai-je acquiescé; " mais n'a-t-il pas d'ennemis personnels ? "

"A ma connaissance, c'est très improbable, de toute façon. Ce n'est pas un homme politique, ni même un homme public d'aucune sorte. Il est extrêmement charitable, mais il fait rarement connaître ses bonnes actions. Il a fait savoir qu'il souhaitait que ses bienfaits restent discrets.

« Quels sont ses goûts ? » Ai-je demandé avec désinvolture.

« Simple à l'extrême. Il prend rarement des vacances et, même si sa maison est d'une taille magnifique, il ne reçoit pas beaucoup. J'ai entendu dire que Miss Raynor plaidait en vain pour qu'il soit davantage un homme du monde.

« Elle est sa pupille ?

"Oui; aucun rapport, même si elle l'appelle oncle. Je crois qu'il était un ami d'université du père de Miss Raynor, et lorsque la jeune fille s'est retrouvée seule au monde, il l'a emmenée vivre avec lui et a pris en charge sa fortune.

« Un gros ? »

« Assez bien, je crois. De quoi tenter les chasseurs de fortune, en tout cas, et M. Gately désapprouve tout jeune homme qui l'approche pour lui demander la main d'Olive Raynor.

"Peut-être que celui qui a appelé aujourd'hui était un prétendant."

« Oh, je ne pense pas qu'un homme viendrait armé pour une telle mission. Non; pour moi, la chose la plus mystérieuse dans tout cela, c'est pourquoi quelqu'un devrait désirer faire du mal à M. Gately. Ce devait être un maniaque meurtrier, si un tel être existe réellement.

« Ce qui me paraît le plus mystérieux, répondis-je, c'est la façon dont ils se sont enfuis si rapidement. Vous voyez, je me tenais devant ma porte d'en face, les regardant, puis dès que j'ai entendu le coup de feu, j'ai couru vers la porte du milieu aussi vite que possible, puis vers la porte de la troisième pièce, puis de nouveau vers la première. Bien sûr, si j'avais su quelle pièce se trouvait laquelle, j'aurais d'abord dû me rendre à la porte numéro un. Mais, comme vous le voyez, j'étais dans le hall, allant d'une porte à l'autre, et j'aurais dû voir les hommes s'ils sortaient dans le hall par n'importe quelle porte.

"Ils ont quitté la chambre numéro trois au moment où vous entriez dans la chambre numéro un", dit Norah en réfléchissant soigneusement.

« Cela doit être vrai, mais où sont-ils allés ? Pourquoi, si M. Gately est descendu, n'a-t-il pas été visible depuis ? Je ne peux m'empêcher de penser qu'Amos Gately est incapable de bouger, pour une raison ou une autre. Peut-être a-t-il été kidnappé ? Ou est-il attaché et bâillonné dans une pièce inutilisée, disons à l'étage en dessous ?

"Non", dit brièvement Talcott. « Sans rien dire, j'ai mis en chasse un des employés de la banque et je lui ai dit de fouiller dans toutes les pièces de l'immeuble. Comme il ne l'a pas signalé, il n'a pas encore retrouvé M. Gately.

Et puis, Olive Raynor est arrivée.

Je n'oublierai jamais cette première vue d'elle. Annoncée par une bouffée parfumée de violettes fraîches, elle entra dans la première pièce et s'arrêta à la porte de la pièce du milieu, où nous étions toujours assis.

Encadrée dans l'encadrement de la porte en acajou, la jolie touche de féminité ressemblait à un joyeux paquet de fourrures, de velours et de dentelles.

"Quel est le problème?" dit une voix douce et douce. « Est-ce qu'oncle Amos s'est enfui ? J'espère qu'il est dans un endroit abrité car une violente tempête approche et le vent souffle fort.

Les plumes de son chapeau s'agitèrent tandis qu'elle levait la tête d'un air interrogateur et regardait autour d'elle.

"Qu'est-ce que je sens?" s'écria-t-elle ; "C'est comme... comme de la fumée de pistolet !"

"C'est vrai", a déclaré M. Talcott. "Mais il n'y a pas de pistolet ici maintenant——"

« Comme c'est excitant ! De quoi s'agit-il? Dis-le-moi.

De toute évidence, la jeune fille ne craignait rien de grave. Ses yeux grands ouverts exprimaient de la curiosité et de l'intérêt, mais aucune idée de problème ne lui était encore venue.

Elle s'avança plus loin dans la pièce et, rejetant ses fourrures, révéla une silhouette élancée et gracieuse, rapide dans les mouvements et d'un équilibre exquis. Ni brunes ni très claires, ses cheveux bruns ondulés encadraient un visage dont la principale caractéristique semblait être ses expressions rapidement changeantes. Tantôt souriante, puis grave, tantôt étonnée, puis joyeuse, elle nous regardait tour à tour, ses grands yeux bruns se posant enfin sur Norah.

"Qui es-tu?" » demanda-t-elle avec un joli sourire qui enlevait aux mots toute brièveté.

"Je m'appelle Norah MacCormack , Miss Raynor", a répondu mon sténographe. « Je suis dans le bureau de M. Brice, de l'autre côté du couloir. Voici M. Brice.

Il n'y avait aucune raison pour que Norah soit celle qui me présentait, mais nous étions tous un peu secoués, et M. Talcott, qui, bien sûr, était celui qui gérait la situation, semblait complètement perdu quant à la manière de commencer. .

« Comment allez-vous, M. Brice ? » et Miss Raynor m'a fait un sourire spécial. « Et maintenant, monsieur Talcott, dites-moi quel est le problème ? Je vois que quelque chose s'est produit. Qu'est-ce que c'est?"

Elle était déjà assez grave maintenant. Elle s'était soudain rendu compte qu'il y avait quelque chose à dire, et elle avait l'intention de le faire dire.

« Je ne sais pas, Miss Raynor, commença Talcott, si quelque chose s'est produit ou non. Je veux dire, quelque chose de sérieux. Nous… c'est-à-dire que nous ne savons pas où se trouve M. Gately.

"Continue. Cela n'explique pas en soi vos visages anxieux.

Alors Talcott lui a dit, lui a dit exactement ce que nous savions nous-mêmes, qui était si peu et pourtant si mystérieux.

Olive écoutait, ses grands yeux sombres s'écarquillant d'émerveillement. Elle avait jeté son manteau de fourrure et était assise dans la chaise de bureau d'Amos Gately, son pied délicat faisant pivoter la chaise de temps en temps.

Son manchon tomba par terre et, inconsciemment, elle ôta ses gants et les laissa tomber dessus. Elle ne prononça aucun mot pendant le récit, mais son visage vif exprimait toute la surprise et la peur qu'elle ressentait à mesure que l'histoire lui était racontée.

Puis : « Je ne comprends pas », dit-elle simplement. « Pensez-vous que quelqu'un a tiré sur oncle Amos ? Alors où est-il ?

"Nous ne comprenons pas non plus", répondit Talcott. « Nous ne savons pas si quelqu'un lui a tiré dessus. Nous savons seulement qu'un coup de feu a été tiré et que M. Gately a disparu.

À ce moment-là, un homme entra dans la chambre de Jenny, depuis le couloir. Lui aussi s'arrêta devant la porte de la pièce du milieu.

"Oh, Amory, entre!" s'écria Miss Raynor. « Je suis tellement contente que tu sois là. Voici M. Brice,— et Miss MacCormack ,—M. Manning. M. Talcott, bien sûr que vous le savez.

Je n'avais jamais rencontré Amory Manning auparavant, mais un seul coup d'œil suffisait pour montrer la situation entre lui et Olive Raynor. Ils étaient plus que des amis, c'était certain.

« J'ai vu M. Manning en bas, » dit Miss Raynor à Talcott, avec une belle rougeur, « et, comme oncle Amos ne le fait pas, eh bien, il n'est pas seulement fou de lui, je lui ai demandé de ne pas venir ici avec moi, mais de m'attendre en bas.

« Et comme vous aviez mis si longtemps à descendre, je suis remonté », dit M. Manning avec un petit sourire. « Qu'est -ce que c'est ? Et si on tirait ? Où est M. Gately ?

Talcott hésita, mais Olive Raynor raconta toute l'histoire d'un seul coup.

Manning écouta gravement et, à la fin, dit simplement : « Il *faut le* retrouver. Comment allons-nous procéder ?

"C'est ce que je ne sais pas", a répondu Talcott.

"Je vais vous aider", dit Olive avec vivacité. « Je refuse de croire qu'il lui ait été fait du mal. Appelons ses clubs.

"Je l'ai fait", a déclaré Talcott. "Je ne peux pas penser qu'il soit parti quelque part – volontairement."

"Comment alors?" s'écria Olivier. "Oh, attends une minute, je sais quelque chose!"

"Quoi?" avons demandé ensemble Talcott et moi, car le visage de la jeune fille brillait de sa soudaine pensée heureuse.

«Eh bien, oncle Amos a son propre ascenseur privé. Il est tombé là-dedans !

"Où est-il?" » demanda Manning.

"Je ne sais pas", et Olive regarda autour de la pièce. « Et oncle m'a interdit d'en parler, mais c'est une urgence, n'est-ce pas ? et j'ai raison, tu ne trouves pas ?

« Oui », a déclaré Manning ; "dis tout ce que tu sais."

« Mais c'est tout ce que je sais. Il y a un ascenseur secret dont personne ne connaît l'existence. Vous pouvez sûrement le trouver.

« Sûrement que nous pouvons ! » dis-je, et en me levant d'un bond, je commençai la recherche.

Cela n'a pas non plus pris longtemps. Il n'y avait pas beaucoup d'endroits où une entrée privée pouvait être dissimulée, et je la trouvai derrière la grande carte de guerre, dans la troisième pièce.

La porte affleurait le mur et était peinte de la même manière que le panneau lui-même. La carte était simplement accrochée à la porte, mais se chevauchait suffisamment pour la cacher. Ainsi, la porte était cachée, bien que ce ne soit pas vraiment difficile à découvrir.

« Il ne s'ouvrira pas », ai-je annoncé après un essai inutile.

"Automatique", a déclaré Talcott. "Vous ne pouvez pas ouvrir ce genre de véhicule lorsque la voiture est en panne."

« Comment sais-tu que la voiture est en panne ? » J'ai demandé.

« Parce que la porte ne s'ouvre pas. Eh bien, il semble donc probable que M. Gately soit parti par cette sortie.

"Et la femme aussi", remarqua Norah.

Comme auparavant, M. Talcott ne s'était pas opposé à la participation de Norah à notre discussion. En fait, il semblait plutôt l'accueillir favorablement et, d'une certaine manière, s'en remettre à ses opinions.

« Peut-être, » acquiesça-t-il. « Maintenant, Miss Raynor, où descend cet ascenseur ? Je veux dire, où ouvre-t-il au rez-de-chaussée ?

"Je ne sais pas, j'en suis sûre", et la jeune fille parut perplexe. «Je n'ai jamais été en haut ou en bas. Je n'aurais pas dû le savoir, mais une fois que mon oncle a laissé échapper une référence fortuite à ce sujet, et quand je lui ai posé des questions à ce sujet, il me l'a dit, mais m'a dit de ne pas le dire. Vous voyez, il l'utilise pour échapper aux ennuis ou aux gens qu'il ne veut pas voir.

"Il devrait être facile de retracer son puits à travers les étages", a déclaré Amory Manning. "Mais je suppose qu'il n'y a aucune ouverture à aucun étage jusqu'à ce que le rez-de-chaussée soit atteint."

Manning était un type à l'air pensif. Même si nous ne nous étions jamais rencontrés auparavant, je le connaissais et j'avais l'impression qu'il était ingénieur civil ou quelque chose comme ça. Je me suis immédiatement senti attiré par lui, car il avait une attitude agréable et réactive et une manière gentille et gentille avec lui.

En apparence, il était plutôt érudit que professionnel. Cet effet était probablement dû en partie aux énormes lunettes à monture d'écaille qu'il portait. Je ne peux pas supporter ces choses moi-même, mais certains hommes semblent les accepter naturellement. Pour le reste, Manning avait des cheveux épais et foncés, et il était un peu enclin à l'embonpoint, mais sa belle taille lui évitait d'avoir l'air trapu.

"Eh bien, je pense que nous devrions enquêter sur cet ascenseur", a déclaré Talcott. « Supposons que vous et moi, M. Brice, descendions pour voir ce qui se passe, laissant ici Miss Raynor et M. Manning, au cas où M. Gately reviendrait.

Je savais que Talcott voulait dire, au cas où nous trouverions quelque chose d'anormal dans l'ascenseur, mais il l'exprima d'une manière plus décontractée, et Miss Raynor parut satisfaite.

« Oui, faites-le, » dit-elle, « et nous attendrons ici jusqu'à ce que vous reveniez. Bien sûr, vous pouvez trouver où il atterrit et... oh, attendez une minute ! Peut-être qu'il s'ouvre dans le bâtiment voisin . Je me souviens, parfois, quand j'attendais mon oncle dans la voiture, il sortait du bâtiment voisin au lieu de celui-ci, et quand je lui demandais pourquoi, il tournait toujours le sujet sans me le dire.

«C'est possible», et Talcott réfléchit à la position du puits. "Eh bien, nous verrons."

Norah est retournée discrètement dans mes bureaux, mais j'étais presque sûr qu'elle ne rentrerait pas chez elle jusqu'à ce que l'on découvre quelque chose concernant la mystérieuse disparition.

Au rez-de-chaussée, nous n'avons trouvé aucune sortie possible pour l'ascenseur en question, et sans l'indication d'Olive quant à l'endroit où chercher, je ne sais pas du tout comment nous aurions dû le trouver.

Mais en quittant le Trust Company Building, nous trouvâmes enfin l'endroit. Au moins, nous avons trouvé une porte qui se trouvait dans la position où nous pensions que la cage d'ascenseur l'exigerait, et nous avons essayé de l'ouvrir.

Nous n'y sommes pas parvenus.

"Ça n'a pas l'air bien", dit Talcott en secouant la tête. "Si Amos Gately est là, c'est parce qu'il est incapable de sortir ou qu'il est inconscient."

Il ne put se résoudre à prononcer le mot le plus cruel que nous avions à l'esprit tous deux, et il se détourna brusquement, en partant à la recherche du concierge ou du surintendant de l'immeuble.

Resté seul, j'ai regardé la porte silencieuse. C'était une porte d'apparence ordinaire, au bout d'un petit passage latéral qui communiquait avec le hall principal ou hall du bâtiment. C'était discret, et comme le passage avait un angle, Amos Gately aurait facilement pu entrer et sortir par cette porte sans commentaire excitant.

Bien sûr, le concierge serait au courant de tout cela ; Et il l'a fait.

Il revint avec M. Talcott, marmonnant en arrivant.

« J'ai toujours dit que M. Gately se ferait prendre dans ce truc ! Je n'ai pas de choses automatiques avec eux , donc je ne les ai pas. Ils peuvent bien se passer pendant des années et ensuite vous faire un tour. Si cet homme est coincé là-dedans, il doit être assez malade à ce moment-là ! »

« Est-ce que M. Gately utilise beaucoup cette chose ? J'ai demandé.

« Pas si souvent, monsieur. Irrégulier comme. Maintenant, assez fréquent, et puis, encore une fois, plutôt rarement. Eh bien, nous ne pouvons pas l'ouvrir, M. Talcott. Ces choses ne fonctionneront pas, juste ainsi. Une fois que quelqu'un est entré et a fermé la porte, celle-ci ne peut être ouverte qu'en appuyant sur un bouton à l'intérieur. Tu ne peux pas monter à l'étage ?

"Non", dit brièvement Talcott. " Alors, demandez de l'aide et enfoncez la porte. "

Cela fut fait, la portière brisée tomba et là, en tas sur le plancher de la voiture, se trouvait Amos Gately, mort.

CHAPITRE IV
La bourrasque noire

Si j'avais auparavant trouvé M. Talcott quelque peu indifférent, j'ai soudainement changé d'avis. Son visage devint horriblement blanc et ses yeux le regardèrent avec horreur. Il y avait bien plus que son chagrin pour un ami, même si cela était assez évident, mais ses pensées se tournaient vers les problèmes plus vastes impliqués par ce meurtre d'un président de banque et d'un financier influent par ailleurs.

Il s'agissait d'un meurtre, sans aucun doute. Le plus bref examen a montré que M. Gately avait reçu une balle dans le cœur et que l'absence de toute arme excluait toute idée de suicide.

Le concierge, bouleversé à cette vue, était dans un état proche de l'effondrement, et M. Talcott n'était pas beaucoup plus calme.

"M. Brice, dit-il avec un visage convulsif, c'est une calamité épouvantable ! Qu'est-ce que cela peut signifier ? Qui aurait pu le faire ? Que ferons-nous ?

Répondant d'abord à sa dernière question, je m'efforçai de maîtriser la situation.

« Tout d'abord, M. Talcott, nous devons garder cette affaire secrète pour le moment. Je veux dire, nous ne devons pas laisser une foule se rassembler ici avant que les choses nécessaires ne soient réglées. Ce passage doit être protégé contre toute intrusion et les gens de la banque doivent en être immédiatement informés. Supposons que vous et le concierge restiez ici, pendant que je retourne à côté et que je dis… à qui ?

"Laissez-moi réfléchir", gémit M. Talcott en passant la main sur son front. « Oui, s'il vous plaît, M. Brice, faites cela… allez à la banque et dites à M. Mason, le vice-président… demandez-lui de venir ici vers moi… alors, voilà Miss Raynor… oh, comme tout cela est horrible. ! »

« Il faut aussi appeler un médecin », ai-je suggéré, « et, éventuellement, la police. »

« Faut-il les amener ? Oui, je suppose. Eh bien, M. Brice, si vous faites ces courses, je resterai ici. Mais il faut faire taire ce concierge !

L'homme, au bord de l'effondrement, gémissait et marmonnait des prières, ou quelque chose du genre, tout en balançant son gros corps d'avant en arrière.

« Voyez-vous, mon homme, » dis-je, « c'est une grande urgence et vous devez y faire face et faire votre devoir. Pour le moment, il s'agit de rester ici avec M. Talcott et de s'assurer que personne d'autre n'entre dans cette petite salle jusqu'à l'arrivée de certains agents de la banque de M. Gately. Aussi, arrêtez ce bruit que vous faites et voyez ce que vous pouvez faire pour nous être d'une réelle aide.

Cet appel à son sens du devoir ne fut pas sans effet, et il se redressa et parut à la hauteur.

Je me suis alors enfui d'un grand bâtiment dans un autre. La tempête, qui couvait encore, n'avait pas encore éclaté, mais le ciel était noir et une sensation de neige supplémentaire régnait dans l'atmosphère. J'ai frissonné en sentant l'air extérieur extrêmement froid et je me suis précipité dans le bâtiment de la banque.

Je n'ai eu aucune difficulté à joindre M. Mason, car la banque elle-même était fermée et de nombreux employés étaient rentrés chez eux. Mon air grave suffisait pour me permettre de croiser tous les agents curieux et je trouvai M. Mason dans son bureau.

Je lui ai raconté les faits en quelques mots, car ce n'était pas le moment de m'attarder. Je voulais me lever et le dire à Miss Raynor avant qu'un messager moins prévenant ne puisse l'atteindre.

M. Mason fut consterné par la terrible nouvelle, et fermant immédiatement son bureau, il attrapa rapidement son chapeau et son manteau et commença sa redoutable course.

« J'appellerai le médecin de M. Gately, » dit-il, son esprit travaillant rapidement, alors qu'il s'arrêtait un instant, « et vous annoncerez la nouvelle à Miss Raynor, dites-vous ? Je n'arrive pas à tout comprendre ! Mais ma place est à côté de M. Gately et j'y vais immédiatement.

donc précipité vers le douzième étage, essayant, en chemin, de réfléchir à la meilleure façon de raconter cette horrible histoire.

Le trajet en ascenseur n'avait jamais paru aussi court, les étages passaient devant moi, et en quelques instants j'étais dans la belle troisième chambre de M. Gately, et j'ai trouvé Miss Raynor et M. Manning attendant impatiemment de mes nouvelles.

"Avez-vous trouvé M. Gately?" » a demandé Amory Manning, mais au même instant, Olive Raynor s'est exclamée : « Vous avez quelque chose d'horrible à nous dire, M. Brice ! Je sais que oui !

Cela a semblé m'aider et j'ai répondu : « Oui, Miss Raynor, le pire.

Car je sentais que cette fille impérieuse et sûre d'elle-même préférait qu'on l'annonce ainsi brusquement plutôt que de me laisser mâcher ses mots.

Et j'avais raison, car elle dit rapidement : « Dites tout, toute connaissance vaut mieux que le suspense. »

donc raconté, le plus doucement possible, notre découverte du corps d'Amos Gately dans son ascenseur privé, au fond du puits.

"Mais je ne comprends pas", a déclaré Manning. « Touché au cœur et seul dans l'ascenseur ?

"C'est comme ça. Je n'ai aucune idée des détails de l'affaire. Nous n'avons pas déplacé le corps ni l'avons examiné minutieusement, mais le premier coup d'œil a révélé la vérité. Cependant, un médecin a été envoyé chercher, et le vice-président et le secrétaire de la société de fiducie s'occupent des choses, alors je suis venu ici pour vous en parler.

«Et je vous remercie, M. Brice», les jolis yeux sombres d'Olive m'ont lancé un regard reconnaissant. « Que dois-je faire, Amory ? Allons-nous y aller ?

Manning hésita. « Je le ferai, » dit-il en la regardant tendrement, « mais… tu le veux ? Ce sera dur pour toi… »

« Je sais, mais je dois y aller. Si oncle Amos a été tué… je devrais sûrement être là pour… pour… oh, je ne sais pas quoi !

Olive Raynor tourna un visage pitoyable vers Manning, et il lui prit la main en répondant : « Viens, si tu penses mieux, ma chérie. Irons-nous ensemble?"

«Oui», dit-elle; « Je le redoute, mais je dois y aller. Et si tu es avec moi, je peux le supporter. Qu'allez-vous faire, M. Brice ?

«J'étais sur le point de rentrer chez moi», ai-je répondu, «mais je pense que je vais retourner au bâtiment Matteawan , car je pourrai peut-être apporter mon aide d'une manière ou d'une autre.»

Je suis allé à mon bureau et j'ai découvert que Norah était rentrée chez elle. Allumant quelques lumières, je m'assis quelques minutes pour mettre de l'ordre dans mes pensées confuses et galopantes.

Me voici, Tom Brice, un avocat discret et discret, soudainement plongé au cœur d'une affaire de meurtre des plus mystérieuses. Je savais bien que mon témoignage concernant les ombres que j'avais vues serait écouté avec attention par la police, le moment venu, et je me demandais dans combien de temps cela arriverait. Je voulais rentrer à la maison. Je voulais éviter la tempête à venir, rentrer dans mes chambres confortables et réfléchir à la question. Car j'avais toujours pensé que j'avais des capacités de détective, et maintenant j'avais une merveilleuse chance de le prouver. Je n'avais pas l'intention d'usurper la prérogative de qui que ce soit ni de m'immiscer. Si on ne me demandait pas d'aider, je ne proposerais pas ; mais j'avais le vague espoir que ma connaissance précoce des faits essentiels me rendrait utile en tant que témoin et que mon sens aigu de l'esprit ferait ressortir des idées originales en matière d'enquête.

Et j'avais envie d'un peu de temps pour moi, pour cogiter, et formuler quelques théories déjà bourgeonnantes dans mon cerveau. Maintenant, si la police était déjà sur les lieux à côté, elle ne me laisserait pas m'enfuir si j'apparaissais.

Et pourtant, j'avais envie d'avoir plus de nouvelles des débats. J'ai donc décidé de me rendre au Matteawan , et si cela m'a conduit dans les griffes des inquisiteurs de la police, je dois me soumettre. Mais si je pouvais m'enfuir avant leur arrivée, je devrais le faire. J'étais tout à fait disposé à être interpellé par eux et à leur dire tout ce que je savais, mais je voulais remettre cela au lendemain, si possible.

Ne souhaitant pas imposer davantage ma présence à Miss Raynor, je suis descendu dans un ascenseur sans retourner dans les chambres Gately. En effet, je ne savais pas si elle était déjà tombée ou non.

Mais elle l'avait fait, et quand je suis arrivé sur les lieux, elle et Manning étaient là et consultaient les hommes de la banque sur ce qui devait être fait.

Le médecin vint aussi et commença à examiner le corps.

Le reste d'entre nous se tenait blotti dans le hall étroit, maintenant devenu chaud et fermé, mais nous n'osions pas ouvrir la porte du hall principal, de peur que des étrangers ne s'introduisent.

J'ai demandé au concierge s'il n'y avait pas une pièce qui pourrait servir de lieu d'attente, mais tandis qu'il me répondait, le médecin a fait son rapport.

C'est ainsi qu'Amos Gately avait été abattu avant d'entrer dans l'ascenseur ou immédiatement après son entrée. Qu'il était mort sur le coup et qu'il semblerait donc que le corps ait dû être placé dans la voiture et descendu par l'agresseur. Mais ce n'était qu'une conjecture ; tout ce que le médecin pouvait affirmer, c'était que M. Gately était mort depuis peut-être une heure et que la position du corps sur le sol indiquait une mort instantanée suite à une balle dans le cœur.

Alors le concierge s'est remué et a dit qu'il pouvait nous céder un bureau vacant au rez-de-chaussée, et nous y sommes entrés, tous sauf le médecin, qui est resté près de l'ascenseur.

M. Mason et M. Talcott ont convenu que la police devait être informée et ils ont déclaré leur volonté de rester jusqu'à leur arrivée. Mais le vice-président a dit à Miss Raynor qu'elle pouvait rentrer chez elle si elle le préférait.

« Je vais attendre un peu, » dit-elle, avec la décision rapide que je trouvais habituelle chez elle, « la voiture est toujours là, – oh, ne devrions-nous pas le dire à Connor ? C'est notre chauffeur.

«Je vais lui dire », proposa Manning. «Je dois y aller maintenant, j'ai une affaire importante à régler avant six heures. Olive, puis-je venir à la maison ce soir ?

"Oh, oui," répondit-elle, "je serai si heureuse de t'avoir. Venez tôt, n'est-ce pas ?

"Oui", a déclaré Manning, et après une pause pour discuter davantage avec le médecin, il est parti.

J'ai attendu, me demandant si je pourrais y aller aussi, ou si j'y étais nécessaire.

Mais comme Mason et Talcott étaient profondément plongés dans une conversation à voix basse et que Miss Raynor attendait l'occasion de s'entretenir avec le médecin, qui était leur médecin de famille, j'ai conclu que je ferais aussi bien de rentrer chez moi pendant que j'étais libre de le faire.

Ainsi, sans adieux précis, mais avec un mot à Miss Raynor pour qu'elle puisse commander mes services à tout moment, je suis parti pour la maison.

La tempête tant attendue avait commencé et d'énormes flocons de neige tombaient en masse.

En quittant le Matteawan , j'ai aperçu Amory Manning en train de parler au chauffeur d'une grosse limousine et j'ai su qu'il racontait à l'homme d'Amos Gately ce qui était arrivé à son maître.

J'ai ralenti, espérant que Manning terminerait l'entretien et continuerait, et que je le rejoindrais.

Cependant, lorsqu'il a quitté le chauffeur, il a traversé la rue en courant et, même si je l'ai suivi rapidement, j'ai failli le perdre de vue dans la neige aveuglante.

Je l'ai appelé, mais il n'a pas entendu, et ce n'est pas étonnant, car le vent rugissait et les bruits de la circulation étaient assourdissants.

Alors je me suis précipité après lui, espérant toujours le dépasser.

Et c'est ce que j'ai fait, ou, du moins, lorsqu'il est finalement monté à bord d'une voiture en direction sud sur la Troisième Avenue, j'ai sauté dans la même voiture.

J'avais prévu de prendre une voiture de Madison Avenue, mais il n'y en avait aucune en vue et j'étais presque sûr qu'il y avait un blocus sur la ligne. Les rues étaient recouvertes de tas de neige noire et croûteuse, et les nettoyeurs de rue étaient peu nombreux et éloignés les uns des autres.

La voiture dans laquelle Manning et moi avons réussi à monter était bondée jusqu'aux portes. Nous étions tous les deux debout, et il y avait tout simplement trop de monde entre nous pour rendre la conversation possible, mais j'ai hoché la tête entre les têtes et les visages qui se balançaient, et Manning m'a rendu mon salut.

S'arrêtant de temps en temps pour laisser échapper quelques voyageurs fatigués et en difficulté et pour affronter de nouveaux stampeders saupoudrés de neige, nous atteignîmes enfin la 22e rue, et ici Manning me fit un signe d'adieu, alors qu'il se préparait à partir par l'avant de la rue. voiture.

Ce n'était qu'à trois pâtés de maisons de ma propre destination, et j'étais déterminé à descendre aussi, toujours impatient de lui parler de la scène de tragédie que nous venions de quitter.

donc basculé par l'arrière de la voiture et elle a continué à traverser la tempête.

J'ai cherché Manning du regard, mais alors que je descendais au sol, une rafale de vent m'a donné tout ce que je pouvais pour préserver mon équilibre. De plus, cela envoyait une rafale de flocons de neige contre mes lunettes, ce qui les rendait presque opaques.

Je les ai dégagés avec ma main gantée et j'ai cherché mon homme, mais il n'était nulle part en vue d'où je me tenais au centre des quatre coins de rue.

Où Manning aurait-il pu disparaître ? Il aurait dû voler comme le vent, s'il s'était déjà précipité soit vers le haut, soit vers le bas de la Troisième Avenue, soit le long de la Vingt-deuxième Rue, dans l'une ou l'autre direction.

Cependant, c'étaient les seules directions qu'il aurait pu prendre, et j'ai conclu que, alors que j'avais du mal à lever mon parapluie et que j'étais en même temps partiellement aveuglé par mes lunettes enneigées, il s'était dépêché hors de vue. Bien sûr, il n'avait aucune raison de penser que j'essayais de le rattraper, en effet, il ne savait probablement pas que j'avais aussi quitté la voiture, donc il n'avait pas besoin de s'excuser.

Et pourtant, je ne voyais pas comment il avait disparu avec une célérité aussi magique. J'ai demandé à un nettoyeur de rue s'il l'avait vu.

« Non , » dit-il en soufflant sur ses doigts froids, « non , je n'ai vu personne. Je ne vois rien dans cette rafale noire ici !

Et c'est exactement ce que c'était. Un soudain tourbillon féroce, un maelström de flocons lancés et une obscurité noire qui semblait tout envelopper.

"Mad Mary", la grande horloge à proximité, a fait retentir cinq notes solennelles qui ont ajouté d'une manière ou d'une autre à l'étrangeté du moment, et j'ai saisi la poignée de mon parapluie, j'ai poussé mes lunettes plus fermement en place et je me suis dirigé vers ma maison.

Pour certains, la maison est l'endroit où se trouve le cœur, mais, comme j'avais toujours le cœur entier et sans fantaisie, je n'avais aucun intérêt romantique autour duquel construire une maison, et ma maison n'était que deux pièces douillettes et confortables à proximité de Gramercy. Parc.

Et finalement je les atteignis, secoué par la tempête, fatigué, froid et affamé, toutes conditions désagréables ayant été améliorées aussi rapidement que je pouvais y parvenir.

Et quand, finalement, je me suis retrouvé assis, avec un cigare allumé, à ma propre table de lecture joyeuse, je me suis félicité d'être rentré à la maison au lieu de rester à l' édifice Matteawan .

Car, pensais-je, si la police m'avait retenu comme témoin et m'avait retenu pour l'un de leurs longs interrogatoires , j'aurais pu rester là jusque tard dans la nuit, voire toute la nuit. Et l'orage, qui hurlait toujours devant mes fenêtres, me rendait heureux de trouver chaleur et abri.

Et puis aussi, j'avais hâte de mettre de l'ordre dans mes pensées. Je suis d'une mentalité méthodique, et j'ai voulu mettre en ordre les événements que j'avais vécus et en tirer des déductions logiques et pertinentes.

J'aurais grandement aimé avoir quelques instants de conversation avec Amory Manning. Je voulais lui poser quelques questions concernant Amos Gately que je n'aimais pas poser aux hommes de banque. Même si je savais que le nom de Gately représentait tout ce qu'il y avait d'honorable et d'impeccable dans le monde des affaires, je n'avais pas oublié l'épingle à chapeau sur son bureau, ni le sourire étrange sur le visage de Jenny lorsqu'elle parlait de ses interlocuteurs personnels.

Je ne suis pas du genre à nourrir des soupçons prématurés ou infondés à l'égard de mes semblables, mais

" *Une petite bêtise, de temps en temps,*

Est apprécié par les meilleurs des hommes, »

Et Amos Gately n'a peut-être pas hésité à profiter de quelques assouplissements qu'il n'avait aucune raison d'afficher.

Mais c'était pure et simple spéculation, et tant que je n'aurais pas pu interroger quelqu'un sur la vie privée de M. Gately, je n'avais aucun droit de deviner quoi que ce soit à ce sujet.

Avec soin, j'ai passé en revue tout ce que je savais de la tragédie à partir du moment où j'avais ouvert la porte extérieure de mon bureau, prêt à rentrer chez moi. Si j'étais parti quelques instants plus tôt, je n'aurais probablement jamais su grand-chose de cette affaire, sinon ce que j'aurais pu apprendre des journaux ou des rapports courants parmi les locataires du Puritan Building.

Dans l'état actuel des choses, et d'après les faits que je les avais rassemblés dans l'ordre devant mon esprit, je croyais avoir vu se profiler le véritable meurtre d'Amos Gately. Chose étrange, être un témoin oculaire et pourtant ne voir que les ombres des acteurs de la scène !

Je me suis efforcé de me souvenir avec précision du type d'homme qui avait tiré. Autrement dit, je suppose que c'est lui qui a tiré. En ruminant, j'ai réalisé que je n'en avais aucune réelle connaissance. J'ai vu les hommes dans l'ombre se lever, s'accrocher, lutter et disparaître. Oui, j'étais sûr qu'ils avaient disparu de ma vision avant que j'entende le coup de feu. Cela démontrait donc qu'ils luttèrent, bien que je ne puisse dire lequel était l'attaquant et lequel attaquait, puis ils se précipitèrent vers la pièce voisine, où l'ascenseur était caché par la grande carte ; et puis, dans cette pièce, le coup de feu a été tiré qui a mis fin à la vie d'Amos Gately.

Ce doit être la vérité, car je n'ai entendu qu'un seul coup de feu, et ce devait être le coup fatal.

Alors, je ne pouvais que penser que le meurtrier avait délibérément, non, pas délibérément, mais avec une extrême hâte, mis sa victime dans l'ascenseur et envoyé le corps inerte seul en bas.

Cela prouvait que l'assassin connaissait parfaitement l'ascenseur secret, il devait donc fréquenter les chambres de M. Gately, ou du moins y avoir été auparavant, et être suffisamment intime pour connaître la sortie privée.

Pour connaître l'identité de cet homme, il faut donc chercher parmi les amis personnels de M. Gately, ou plutôt parmi ses ennemis.

J'ai commencé à me sentir grandement handicapé par ma totale ignorance de la vie sociale et familiale du président de la banque. Mais il se pourrait que dans un avenir proche je revoie Miss Raynor, et peut-être chez elle, où je pourrais apprendre quelque chose des habitudes de son défunt oncle.

Mais, revenant aux choses que je connaissais, je me suis efforcé de réfléchir à la procédure que le meurtrier avait probablement adoptée après son crime.

Et la conclusion à laquelle je suis parvenu n'était que trop claire. Il avait, bien sûr, descendu les escaliers, comme Jenny l'avait dit, pendant au moins quelques vols.

Ensuite, je l'ai visualisé, retrouvant son sang-froid, prenant un air nonchalant et professionnel, et arrêtant un ascenseur à un étage inférieur, où il est entré, sans que la fille de l'ascenseur ou les autres passagers ne le remarquent.

Juste au moment où Rodman était entré par un étage intermédiaire, alors que je descendais avec Minny .

Peut-être que Rodman était le meurtrier ! Je le connaissais un peu et je ne l'aimais pas du tout. Je n'avais aucune raison terrestre de le soupçonner ; seulement, il était monté, je m'en souvenais, au septième étage, et son bureau était au dixième. Cela ne semblait pas terriblement incriminant, je devais l'admettre, mais j'en ai pris note et j'ai décidé de rechercher M. Rodman.

La cloche de mon téléphone a sonné et, avec un étonnement passager d'être appelé dans une telle tempête, j'ai répondu.

À ma grande joie, c'était Miss Raynor qui parlait.

"Pardonnez-moi de vous déranger, M. Brice", dit-elle de sa voix musicale, "mais je... je suis si seule, et il n'y a personne à qui je veux parler."

"Parlez-moi alors, Miss Raynor," dis-je avec plaisir. « Puis-je vous être utile, de quelque manière que ce soit ?

« Oh, je pense que oui. Je veux vous voir demain. Pouvez-vous venir me voir ?

"Oui en effet. À quelle heure?"

« Montez demain matin , si cela vous convient parfaitement. »

"Certainement; le matin, alors. Environ dix?"

"Oui s'il vous plait. Ils… ils ont ramené Oncle à la maison.

"Ont-ils? Je suis content que cela ait été autorisé. Es-tu seul?"

"Oui; et je suis terriblement seul et désolé. C'est une nuit tellement horrible que je ne demanderais à aucun de mes amis de venir rester avec moi.

"Vous vous attendiez à ce que M. Manning appelle, ai-je pensé."

"Je l'ai fait; mais il n'est pas venu. Bien sûr, la raison en est que ce n'est pas une nuit propice pour sortir. J'ai téléphoné à son appartement, mais il n'était pas là. Je ne sais donc pas quoi penser. Je suppose qu'il téléphonerait même s'il ne pouvait pas venir ici.

"La circulation doit être presque impossible", dis-je, "c'était horrible quand je suis rentré chez moi peu après cinq heures, et maintenant, il y a une jeune tempête de neige qui fait rage."

« Oui, je ne pouvais pas m'attendre à lui ; et peut-être que les fils téléphoniques sont affectés.

« Celui-ci ne l'est pas, en tout cas, alors discute avec moi aussi longtemps que tu le souhaites. Tu peux demander à un ami de venir rester avec toi demain, n'est-ce pas ?

"Oh oui; J'aurais pu avoir quelqu'un ce soir, mais je n'ai pas eu le cœur de le demander. Je vais bien, monsieur Brice, je ne suis pas une personne très nerveuse, mais c'est un peu affreux. Notre gouvernante est une gentille vieille chose, mais elle est presque hystérique et je l'ai envoyée au lit. Je vais vous dire au revoir maintenant et je serai heureux de vous voir demain.

CHAPITRE V
Olivier Raynor

J'ai vu Miss Olive Raynor le lendemain, mais pas dans les environs de sa propre maison comme je m'y attendais.

Car j'ai reçu une convocation plutôt péremptoire de me présenter au quartier général de la police à une heure scandaleusement matinale, et peu de temps après mon arrivée là-bas, Miss Raynor est également apparue.

La police avait passé une nuit bien remplie, avait exhumé plus ou moins de preuves et rassemblé toute une nuée de témoins.

Le chef de la police Martin a mené l'enquête et j'ai vite découvert que mon histoire était considérée comme de la plus haute importance et que je devais la raconter dans les moindres détails.

C'est ce que j'ai fait, répondant patiemment aux questions répétées et confirmant les faits.

Mais je ne pouvais donner aucune indication sur l'identité, ni même sur l'apparence de l'homme qui s'était disputé avec M. Gately. Je pouvais, et j'ai dit qu'il semblait être une silhouette robuste, ou, du moins, l'ombre montrait une grande silhouette et de larges épaules.

« Avait-il un chapeau ? demanda le chef.

"Non; et je devrais dire qu'il avait soit une grosse tête, soit des cheveux épais et touffus, car l'ombre le montrait.

« Vous n'avez pas vu son visage de profil ?

"Si tel était le cas, ce n'était que momentanément, et la vitre trouble de la porte, en vagues irrégulières, empêchait complètement une vue nette de profil."

« Et après que les deux hommes se soient levés, ils ont disparu aussitôt ?

"Ils se sont battus ; il semble, devrais-je dire, que M. Gately a été attrapé par l'autre homme et a tenté de s'enfuir, sur quoi l'autre homme lui a tiré dessus."

« Êtes-vous bien sûr, M. Brice, » et le chef me fixa de son œil bleu perçant, « que vous ne reconstituez pas cette affaire à la lumière de la découverte ultérieure du sort de M. Gately ?

J'ai réfléchi attentivement avant de répondre, puis j'ai dit : « Il est fort possible que je l'aie fait inconsciemment. Mais j'ai vu distinctement les deux personnages se rapprocher dans une lutte désespérée, puis disparaître, sans doute dans la troisième salle, et alors j'ai entendu le coup de feu. C'est tout ce que je peux dire de positif.

« Alors vous avez traversé le couloir et avez essayé d'entrer ? »

"Oui; J'ai essayé d'entrer par la porte du milieu, là où j'avais vu les hommes.

"Et ensuite?"

"Trouvant cette porte fermée, j'ai essayé la troisième, car les hommes avaient semblé disparaître dans cette direction."

« La troisième pièce était également verrouillée ?

"Oui; ou du moins la porte ne s'ouvrirait pas de l'extérieur. Puis je suis retourné à la porte numéro un.

"Et ça s'est ouvert tout de suite ?"

"Oui; si j'avais essayé cela d'abord, j'aurais probablement vu les hommes… ou la fille, Jenny.

"Peut-être. Pourriez-vous reconnaître la tête du visiteur si vous la revoyiez sur la porte ?

« Je ne suis pas sûr, mais je doute que je puisse le faire. Je pourrais dire s'il s'agissait d'un type de tête très différent, mais s'il s'agissait simplement d'une tête similaire, je ne pourrais pas jurer que c'était le même homme.

« Hmm. Il faut faire l'expérience. Au moins, cela pourrait nous donner une indication dans la bonne direction.

Il m'a interrogé davantage sur ma connaissance de M. Gately et de ses affaires, mais lorsqu'il a découvert que je n'en savais presque rien et que j'avais été locataire du Puritan Building mais pendant très peu de temps, il a soudainement perdu tout intérêt pour moi et a tourné son attention vers moi. à Mlle Raynor.

Olive Raynor était venue seule et sans surveillance. Cela m'a surpris, car j'avais imaginé que les jeunes filles des cercles sociaux supérieurs n'allaient jamais seules. Mais à bien des égards, Miss Raynor a démontré son indépendance et son autonomie, et j'étais sans aucun doute sûr qu'un chauffeur de confiance attendait dans sa voiture à l'extérieur.

Elle était vêtue de noir, mais ce n'était pas le épais crêpe que je supposais que toutes les femmes portaient en signe de deuil. Une longue cape de velours noir enveloppait la silhouette élancée dans ses plis volumineux, et alors qu'elle était rejetée en arrière, je vis que sa robe était en satin noir, avec un tissu noir plus fin utilisé en combinaison. Les vêtements des femmes, bien que mystérieux pour moi, exerçaient une sorte de fascination pour mes yeux ignorants, et j'en savais assez pour apprécier que le costume de Miss Raynor était correct et très élégant.

Son chapeau était noir aussi, plus petit que celui que je l'avais vue la veille, et d'un type plus discret.

Dans l'ensemble, elle était très jolie, et son doux visage en forme de fleur, avec ses grands yeux bruns pathétiques, s'adressait franchement au chef Martin tandis qu'elle répondait à ses questions d'une voix basse et claire. Une légère pâleur annonçait une nuit d'éveil et de chagrin, mais elle semblait accentuer l'écarlate de ses lèvres fines et délicates, un écarlate qu'on ne connaissait pas à l'aide du bâton de rouge.

«Non», dit-elle positivement, «M. Gately n'avait pas d'ennemis, je suis sûr que non ! Bien sûr, il m'a peut-être caché des parties de sa vie ou de ses affaires, mais j'ai vécu avec lui trop longtemps et trop familièrement pour ne pas le connaître à fond. Il était d'une nature simple et directe, et c'était un gentleman sage et noble.

« Pourtant, vous n'aimiez pas entièrement votre oncle », insinua le chef.

«Ce n'était pas mon oncle», répondit calmement Olive. «Je l'ai appelé comme ça mais il n'avait aucun lien de parenté avec moi. Il était un ami d'université de mon père et lorsque mes deux parents sont morts, il est devenu non seulement mon tuteur mais aussi mon aimable ami et bienfaiteur. Il m'a emmené vivre avec lui et je suis sa compagne constante depuis douze ans. Pendant ce temps, je n'ai vu aucun acte, je n'ai entendu aucune parole qui puisse, le moins du monde, nuire à son honneur ou à son caractère d'homme d'affaires ou de gentleman.

La jeune fille parlait fièrement, comme si elle était heureuse de rendre cet hommage à son tuteur, mais il n'y avait toujours aucune note d'affection dans sa voix, aucun frémissement de chagrin face à sa perte.

« Pourtant vous n'êtes pas accablé de chagrin par sa mort », observa Martin.

Le menton délicat s'inclina en signe d'indignation. "M. Martin," dit Olive, "Je ne peux pas croire que mes sentiments personnels vous intéressent. Je comprends que je suis ici pour être interrogé sur ma connaissance des faits liés à cette affaire.

Le chef hocha la tête. « Ce n'est pas grave, dit-il, mais je dois apprendre tout ce que je peux sur la vie de M. Gately, à l'extérieur comme à l'intérieur de sa banque. Si vous ne me donnez pas d'informations, je dois les obtenir ailleurs.

La menace implicite a fonctionné.

"Je suis vraiment attristée par le sort tragique de M. Gately", dit doucement Olive. « Bien sûr, il n'était pas mon parent, mais je l'admirais et le respectais profondément. Si je ne l'aimais pas profondément, c'était de sa faute. Il était très strict et tyrannique dans sa maison, et son mot le plus léger était la loi. J'étais assez disposé à obéir dans de nombreux domaines, mais cela m'ennuyait et m'irritait lorsqu'il interférait avec mes occupations ou mes plaisirs les plus simples. Il ne me permettait que très peu de compagnie ou de divertissement ; il a interdit la maison à beaucoup de mes amis ; et il refusait obstinément de me laisser accepter des attentions de la part des hommes, à moins qu'il ne s'agisse de certaines d'entre elles qu'il préférait et que je ne favorisais pas toujours.

« A-t-il favorisé Amory Manning ? » fut la question soudaine suivante.

Les joues d'Olive sont devenues d'un rose tendre, mais elle a répondu calmement. « Pas spécialement, même s'il n'avait pas interdit l'accès à la maison à M. Manning. Pourquoi tu demandes ça?"

« Avez-vous récemment remarqué quelque chose d'inhabituel chez M. Gately ? Une nervosité ou une appréhension de danger ?

"Pas le moindre. Il était d'un tempérament des plus équitables, et il n'y a eu aucun changement ces derniers temps.

« Quand l'avez-vous vu pour la dernière fois, vivant ?

"Hier après-midi. Je suis allé à son bureau pour récupérer de l'argent.

« Il a la charge de votre fortune ? »

"Oui."

"Il n'a fait aucune objection à vos dépenses?"

"Pas du tout. Il était très juste et attentionné dans mes affaires financières. Il m'a alors donné ce que je demandais, et après un très court séjour, j'ai continué.

"Où?"

"Chez un ami sur Park Avenue, où j'ai passé la majeure partie de l'après-midi."

« À quelle heure étiez-vous dans le bureau de M. Gately ?

« Je ne sais pas exactement. Vers deux heures, je crois.

« Ne peux-tu pas me dire des choses plus positives ? Cela peut être important.

Mais Olive ne pouvait pas être sûre si elle était là avant ou après deux heures. Elle avait déjeuné tard et fait quelques courses, et était finalement arrivée chez son amie en milieu d'après-midi.

Cela me paraissait très plausible, car les jeunes filles du monde ne notent pas toujours strictement l'heure, mais le chef semblait considérer que c'était une question d'instantané et prenait des notes à ce sujet.

Olive avait l'air indifférente et, même si elle était assez courtoise, son attitude trahissait le désir de terminer l'examen et d'être autorisée à rentrer chez elle.

Après un petit interrogatoire fastidieux qui, d'après ce que j'ai pu voir, n'a rien révélé de réellement important, le chef a soupiré et a mis fin à l'entretien.

M. Mason et M. Talcott étaient déjà arrivés, et leur présence fut accueillie par Miss Raynor, qui était apparemment heureuse de la proximité d'un ami personnel.

Bien sûr, leur témoignage n'était qu'une répétition des scènes que j'avais vécues la veille, mais j'étais profondément intéressé par l'attitude des deux hommes.

Talcott, le secrétaire de la Trust Company, était honnêtement affecté par le décès de son ami et président et montrait un réel chagrin, tandis que M. Mason, le vice-président, avait un comportement froid et précis, apparemment beaucoup plus intéressé à découvrir le meurtrier que consterné par la tragédie.

"Nous *devons* découvrir qui l'a tué", a réitéré M. Mason. « Eh bien, chef Martin, si la police ne parvient pas à retrouver le meurtrier d'Amos Gately, ce sera une tache à jamais sur leur dossier ! N'épargnez aucun effort, confiez l'affaire à vos meilleurs hommes, remuez ciel et terre, s'il le faut, mais prenez votre homme ! La Société vous soutiendra dans toute l'étendue de son pouvoir ; nous offrirons une récompense, le moment venu. Mais le crime doit être vengé, l'homme qui a tiré sur le président Gately *doit* payer la peine !

Les yeux brillants d'Olive témoignaient de sa sympathie pour ce genre de propos et je comprenais très bien l'attitude de la jeune fille, dont le sens de la justice criait à la vengeance, alors qu'elle était obligée d'admettre les privations de sa vie auprès de son tuteur.

Un peu plus tard, les trois sont partis ensemble, Miss Raynor et les hommes de la banque, mais je suis resté, espérant en apprendre davantage auprès d'autres témoins. Et j'ai fait. J'ai tellement appris que mes pensées et mes théories partaient de directions totalement différentes ; mes croyances à moitié formées ont été renversées et rétablies, avec une continuation rapide.

Tout d'abord, Jenny Boyd, la sténographe jaune avec casque antibruit, est entrée, vêtue de ses vêtements du dimanche. Son chapeau à la mode et bon marché était penché sur son petit visage impertinent, qui montrait une application enthousiaste, quoique peu judicieuse, de certains pigments. Sa robe avait un col en V et une jupe courte, mais elle avait une légère prétention au style et était indéniablement seyante. Son air d'importance était tel que je pensais n'avoir jamais vu une telle quantité d'ego contenue dans un si petit cosmos.

Minny était avec elle, mais la sœur aînée, vêtue d'une tenue plus discrète, n'était qu'un repoussoir pour l'exubérante Jenny. De plus, ils étaient accompagnés d'un grand homme au visage bon enfant, que j'ai immédiatement reconnu comme le concierge de l' édifice Matteawan et qui, il s'est avéré, était le père des deux filles.

« Nous y sommes », dit-il d'un ton bluffant et chaleureux ; "Voici moi et mes filles, et nous serions obligés, M. le Chef, si vous pouviez couper court autant que vous le pouvez, car moi et Minny voulons revenir."

«Très bien, Boyd», et le chef Martin lui sourit. « Je vais d'abord t'attaquer. Parlez-nous de cet ascenseur privé de M. Gately.

« Je le ferai, mais si j'économisais pour cette affaire de meurtre, pas un mot n'aurait jamais traversé mes lèvres. Eh bien, M. Gately, il possédait le Matteawan , vous voyez ? et quand il convenait d'installer un ascenseur privé jusqu'à ses appartements au dernier étage du bâtiment voisin, le Puritan Building, vous savez, quoi de plus simple que de faire monter le puits dans le seul bâtiment avec le ouvrant en haut sur l'autre maison. En tout cas, c'est ce qu'il a fait, il y a longtemps. Bien entendu, il fallait que je le sache … »

"Bien sûr, en tant que surintendant du Matteawan ."

« C'est comme ça qu'on l'appelle maintenant, mais j'aime mieux qu'on m'appelle concierge. J'ai commencé comme concierge, et comme concierge, je travaillerai jusqu'au bout. Eh bien, M. Gately, il montait et descendait dans la petite voiture quand il le voulait, et personne ne le remarquait du tout. Après tout, ce n'était pas vraiment secret, mais c'était un ascenseur privé.

"Mais une porte cachée dans son propre bureau rend la chose assez secrète,
devrais-je dire."

« C'est donc secret. Mais ce n'est pas un crime pour un homme d'avoir un
moyen caché d' entrer ou de sortir de sa propre chambre, n'est-ce pas ? Il
arrive souvent que M. Gately se moque de la façon dont il s'est échappé d'un
vieil imbécile gâteux qui voulait le tuer à mort !

– Vous l'avez donc souvent vu descendre ?

« Pas pour dire fréquemment, mais de temps en temps. Si j'étais là à ce
moment-là.

"Est-ce que quelqu'un d'autre a utilisé l'ascenseur ?"

"Parfois oui. J'ai vu quelques personnes monter ou descendre , mais c'était
surtout le patron lui-même.

« Est-il monté dedans hier ?

« Ce n'est pas ce que j'ai vu . Mais bien sûr, il se peut qu'il l'ait fait.

« Quand est-il venu pour la dernière fois dans ses bureaux avant… avant de
disparaître ?

« Quand l'a-t-il fait, Jenny ? Parle, ma fille, et dis au chef tout ce que tu sais à
ce sujet.

Même si Martin ne s'était pas adressé à Jenny, il se tourna maintenant vers
elle comme pour l'inviter à raconter son histoire.

Et Jenny se releva, secoua son boa de plumes, fit une vaine tentative pour
tirer sa jupe courte un peu plus bas vers une cheville garnie de bas de soie, et
commença :

« Bien sûr, lorsque M. Gately entrait dans son bureau , il se dirigeait
généralement par la porte du milieu, directement dans son bureau personnel
. Il n'est pas passé par ma chambre. Et donc, hier , il est entré par la porte du
milieu, mais tout de suite, presque, il a ouvert ma porte et a passé la tête à
l'intérieur, et a dit : "Ne laisse personne entrer me voir cet après-midi, à moins
que tu viennes." et demandez-moi d'abord.'

"N'était-ce pas une règle générale?"

« La plupart du temps ; mais parfois quelqu'un que je connaissais venait ,
comme M. Talcott ou Miss Olive, et ils me faisaient simplement un signe de
tête ou me souriaient et entraient directement à la porte de M. Gately. Alors
j'ai dit : « Oui, monsieur » et j'ai eu l'air vif que personne ne m'ait précipité.

M. Gately, il m'a fait confiance et j'ai toujours pris soin de faire exactement ce qu'il disait.

« Eh bien, continuez. Qui a appelé?"

« Premièrement, M. Smith ; et puis Mme Driggs ; et après eux, Miss Olive.

"Mlle Raynor?"

"Oui bien sûr!" et Jenny parla avec désinvolture. « Je l'ai même annoncée, parce que j'avais des ordres stricts . Miss Olive, elle a juste ri et a attendu que je revienne et lui a dit qu'elle pourrait entrer.

« Quelle heure était-il ? »

« Je ne peux pas le dire avec certitude. "C'est long, environ deux ou trois, je suppose."

Jenny mâchait assidûment du chewing-gum et son attitude était loin d'être déférente, ce qui agaçait le chef.

«Essayez de vous souvenir de plus près», dit-il sèchement. "Mlle Raynor était-elle là avant ou après les deux autres appelants que vous avez mentionnés?"

"Eh bien, maintenant, c'est terriblement difficile à dire." Jenny pencha la tête d'un côté et se livra à ce qu'elle considérait sans doute comme le jeu visuel le plus attrayant. «Je ne suis pas un emploi du temps à deux pattes!»

« Soyez prudent », a conseillé le chef. "Je veux des réponses claires, pas des bêtises, de votre part."

Jenny bouda. « Je vous le donne du mieux que je peux, monsieur le chef. Honnêtement, je ne sais pas si Miss Olive était juste avant ou après la poule Driggs !

« Aussi, faites plus attention à votre choix de mots. Est-ce que Mme Driggs est revenue dans votre chambre en partant ?

"Oui, je suppose qu'elle l' a fait, mais, laissez-moi voir , non, je suppose qu'elle ne l'a pas fait non plus."

« Votre mémoire n'est-elle pas très courte ?

« Pour de telles bagatelles, oui, monsieur. Mais je peux me souvenir de beaucoup de choses très facilement. J'ai un rendez-vous maintenant, avec… »

"Arrêt! Si tu ne fais pas attention, jeune femme, tu seras enfermée !

« Soyez jolie, maintenant, fille Jenny », lui conseilla son père, qui était évidemment l'esclave de sa resplendissante progéniture ; « Ne sois pas flippant ; ici, il n'y a pas de place pour de telles manières.

"Vous avez raison, ce n'est pas le cas", acquiesça le chef, et il lança un regard noir à Jenny, qui était totalement insensible à sa sévérité.

"Eh bien, est-ce que je ne me comporte pas bien?" et la bête rigola malicieusement et croisa les mains avec un air de douceur moqueuse.

Cependant, les paroles dures et persistantes du chef l'ont finalement amenée à raconter une histoire directe et cohérente, mais cela n'a jeté aucune lumière sur le mystérieux appelant. En fait, Jenny ne savait rien de lui, sinon qu'elle l'avait vu ou cru le voir descendre les escaliers en courant, un pistolet à la main.

« Quel genre de chapeau cet homme portait-il ? demanda le chef pour avoir une sorte de description.

"Je ne sais pas, un chapeau souple, je suppose."

"Pas un Derby?"

"Oh oui! Je crois que c'était *un* Derby ! Et il portait un pardessus...

"Un sombre?"

" Non, en quelque sorte... oh, je suppose que ce n'était pas un pardessus, mais une, vous savez, une veste Norfolk, genre."

« Un Norfolk, et pas de pardessus un jour comme hier ! Je ne crois pas que tu aies vu un homme, Jenny ! »

« Vous savez, c'est ce que je pense parfois, Monsieur le Chef ! C'est presque comme si j'en avais rêvé.

"Que veux-tu dire! N'osez pas me draguer, mademoiselle ! »

"Je ne le suis pas", et le visage impertinent de Jenny semblait maintenant assez sérieux. "Mais tout cela a été si soudain et si effrayant, et j'ai été tellement frappé que je ne peux tout simplement pas dire ce qui était ainsi et ce qui ne l'était pas !"

« Cela semble être votre problème. Asseyez-vous là-bas et réfléchissez à la question pendant que je parle à votre sœur.

Minny , une jolie fille calme, était aussi réticente que Jenny était volubile. Mais après tout, elle n'avait pas grand-chose à dire. Elle n'avait amené personne dans son ascenseur pour voir M. Gately à côté de Miss Raynor qu'elle connaissait, à l'exception de l'homme nommé Smith et de Mme Driggs.

« Est-ce que ces gens sont tous tombés dans votre voiture aussi ?

"Je ne suis pas sûr. Les voitures étaient assez bondées, et je sais que ce n'était pas le cas de Miss Raynor, mais je ne suis pas si sûr pour les autres.

Eh bien, le témoignage de Minny n'était rien non plus, car même si elle a parlé de plusieurs inconnus qui sont montés ou descendus de sa voiture à différents étages, elle ne savait rien d'eux et ils n'ont pas pu être retrouvés.

Les trois Boyd furent interrogés un peu plus, puis le vieux Joe Boyd, le père et Minny furent autorisés à retourner à leurs postes respectifs, mais le chef retint Jenny pour une interrogation plus approfondie. Il espérait, j'en étais sûr, pouvoir obtenir d'elle quelques indices sur les affaires personnelles de M. Gately. Il avait entendu parler de l'épingle à chapeau, et même s'il n'en avait pas encore parlé avec certitude, je savais qu'il était convaincu que ce n'était pas celle de Miss Raynor, et qu'il avait l'intention de faire passer Jenny dans une sorte de troisième degré léger.

J'étais sur le point de partir, car je savais que je ne serais pas invité à cette séance et que je pourrais aussi connaître le résultat plus tard.

Puis un officier est entré et, après avoir murmuré un mot au chef Martin, il m'a fait signe.

"Connaissez-vous Amory Manning?" » s'enquit le chef.

"Je l'ai rencontré hier pour la première fois", répondis-je, "mais je l'ai déjà connu."

"Où vit-il?"

" Quelque part dans les environs de Gramercy Park, je pense. "

« C'est vrai, il le fait. Eh bien, l'homme a disparu.

"Manquant! Eh bien, je l'ai vu hier soir, c'est-à-dire hier après-midi, et il allait bien à ce moment-là.

« Des hommes l'ont recherché toute la matinée, poursuivit le chef, et il est introuvable. Il n'était pas du tout dans sa chambre hier soir.

J'ai répondu. J'avais vu Manning pour la dernière fois descendre de la voiture de la Troisième Avenue au niveau de la Vingt-deuxième Rue, juste là où il descendrait naturellement pour se rendre chez lui.

J'ai raconté cela et j'ai conclu : « Il a donc dû changer d'avis et être allé ailleurs que dans ses appartements. »

« Oui, cela ressemble à cela », a reconnu le chef. « Mais où est-il allé ? C'est la question. Il est introuvable.

CHAPITRE VI

Clefs

Je ne suis arrivé à mon bureau que dans l'après-midi et j'y ai trouvé Norah, dans un bureau marron.

Elle leva les yeux avec un sourire lorsque j'entrai.

«Je néglige mon travail», dit-elle en jetant un coup d'œil à une pile de papiers, «mais cette affaire d'en face m'a saisi et je ne peux pas la sortir de mon esprit.»

— Moi non plus. J'ai l'impression d'y être profondément impliqué , voire complice ! Mais il y a de nouveaux développements. M. Manning a disparu.

"M. Manning ? Qu'est-ce qu'il a à voir avec ça ?

« Avec le crime ? Rien. Il n'est pas venu ici avant l'arrivée de Miss Raynor, vous savez. Mais--"

« Sont-ils fiancés ? »

"Pas que je sache de. Je crois que non."

« Eh bien, ils le seront, alors. Et ne vous inquiétez pas de l'absence de M. Manning. Il ne restera pas longtemps loin de Miss Raynor. Qui est-il, d'ailleurs ? Je veux dire, que fait-il ?

« C'est un ingénieur civil et il vit à Gramercy Park. C'est l'étendue de ce que je connais de lui. Je l'ai vu une ou deux fois à la banque depuis que je suis ici, et j'aime son apparence. J'espère, pour le bien de Miss Raynor, qu'il reviendra bientôt. Elle s'attendait à ce qu'il lui rende visite hier soir et il n'y est pas allé du tout.

« Je ne devrais pas penser qu'il le ferait ! Eh bien, c'était une nuit effrayante. J'allais au cinéma, mais je ne pensais pas sortir sous ce vent violent ! Mais peu importe M. Manning maintenant, parlons de l'affaire Gately. Je veux aller là-bas et regarder autour du bureau. Pensez-vous qu'ils me laisseraient faire ?

«Eh bien, je m'y attendais. Y a-t-il quelqu'un là-bas maintenant ?

« Oui, un détective de police, cet homme, Hudson. Vous savez qu'ils l'appellent Foxy Jim Hudson, et je suppose qu'il découvre beaucoup de choses qui ne sont pas vraies ! »

"Vous n'avez pas une très haute opinion de nos forces de l'ordre."

"Oh, ils vont bien, mais la plupart des détectives ne peuvent pas voir ce qu'il y a sous leur nez !"

« Ce ne sont pas des Sherlocks omniscients, n'est-ce pas ? Et tu penses que tu pourrais faire beaucoup de déductions intelligentes ?

Norah n'était pas mécontente de mes taquineries, mais ses yeux gris étaient très sérieux lorsqu'elle dit : «J'aimerais pouvoir essayer. Une femme était dans cette pièce hier après-midi ; quelqu'un d'autre que Miss Raynor et la vieille dame Driggs.

"Comment savez-vous?"

« Emmène-moi là-bas et je te montrerai. Ils me laisseront entrer, avec votre soutien.

Nous avons traversé et l'officier n'a fait aucune objection à notre entrée. En fait, il semblait plutôt content d'avoir quelqu'un à qui parler.

« Nous y sommes en quelque sorte confrontés », a-t-il avoué. "Nos soupçons vont tous dans la même direction, et cela ne nous plaît pas."

« Vous avez donc un suspect ? » J'ai demandé.

« Ce n'est pas vraiment le cas, mais nous commençons à penser que nous savons dans quelle direction regarder. »

« Des indices dans les parages pour vérifier vos soupçons ? »

Il y en a beaucoup . Mais jetez un œil vous-même, M. Brice. Vous êtes astucieux, et… mes vieux yeux ne sont plus ce qu'ils étaient.

J'ai pris cette fausse humilité pour ce qu'elle valait , rien du tout, et j'ai fait plaisir au rusé par un avertissement tout à fait flatteur.

Mais j'ai profité de sa permission et, supposant tacitement qu'elle incluait Norah, nous avons commencé un nouvel examen des bricoles sur le bureau de M. Gately, ainsi que d'autres détails sur les chambres.

Norah ouvrit le tiroir que M. Talcott avait fermé à clé : la clé était maintenant dedans.

« Où est le chéquier ? » demanda-t-elle avec désinvolture.

Hudson avait l'air grave. "M. Pond a ça, dit-il ; "M. Pond est l'avocat de M. Gately, et il a pris tous ses comptes et autres. Mais ce chéquier est un indice . Vous voyez que le dernier talon montre un chèque tiré au nom d'une femme… »

"J'ai dit que c'était une femme!" s'exclama Norah.

« Eh bien, peut-être… peut-être. Quoi qu'il en soit, le chèque a été tiré *après* ceux faits à l'ordre de Smith et de la femme Driggs. Donc, le bénéficiaire de ce dernier chèque est arrivé ici plus tard que les deux autres.

"Qui était-elle?" » n'était-ce pas la question anormale de Norah.

Mais Hudson se contenta de la regarder, avec un léger sourire indiquant qu'elle devait s'attendre à une réponse à cette question.

« Oh, d'accord, » rétorqua-t-elle ; "Je vois que son épingle à chapeau est toujours là."

« Si cette épingle à chapeau est un point d'écoute , vous y êtes les bienvenus. Nous ne pensons pas que ce soit le cas. M. Gately recevait fréquemment des dames, comme tout homme a le droit de l'avoir, mais comme elles laissent leurs épingles à chapeau ici, cela n'en fait pas des meurtriers. Non, je prétends que si une femme tirait sur M. Gately , elle serait assez mignonne pour *ne pas* laisser son épingle à chapeau en guise de carte de visite .

À mon avis, cela a amélioré la mentalité d'Hudson, et j'ai pu voir que cela a également marqué Norah.

«C'est vrai», acquiesça-t-elle généreusement. « Dans les livres, dès que je vois un mouchoir tombé ou un bouton de manchette cassé, je sais que ce *n'est pas* la propriété du criminel. Mais, tout de même, les gens laissent des points d'écoute. Eh bien, Sherlock Holmes dit qu'une personne ne peut pas entrer et sortir d'une pièce sans que sa présence soit détectable.

«Poppycock», dit brièvement Hudson, et il reprit sa réflexion.

Il était assis à l'aise dans le fauteuil de bureau de M. Gately, mais je voyais que l'homme réfléchissait profondément, et comme il avait des éléments de réflexion qu'il n'était pas disposé à partager avec nous, je suis retourné à mes propres recherches.

"Voici quelque chose que la dame a laissé!" m'écriai-je, comme si sur un cendrier en argent j'apercevais un mégot de cigarette dont le monogramme en or en partie brûlé indiquait qu'il avait servi à une femme.

"Hé, laisse ça tranquille!" prévint Hudson. « Et ne soyez pas trop précédent ; parfois les hommes ont des cigarettes aux lettres dorées, n'est-ce pas ?

Sans réponse, j'ai scruté le monogramme. Mais il ne restait qu'une petite partie non brûlée et je ne parvenais pas à distinguer les lettres.

Norah fouillait dans la poubelle, et, le coquin ! Lorsque la tête d'Hudson a été tournée, elle a subrepticement repêché quelque chose qu'elle a caché dans sa main, puis l'a transféré dans sa poche.

« Rien à faire ! » » se moqua Hudson, alors qu'il se retournait et vit son métier, « nous avons vécu tout cela, et tout ce qui était incriminant a été éliminé. Ce n'était pas grand-chose, quelques enveloppes et des lettres, mais rien de significatif. Oh, eh bien, les pailles montrent dans quelle direction souffle le vent, et nous en avons plusieurs ! »

"Est-ce celui-ci?" » et Norah montra le chèque de transport, qui se trouvait toujours sur le bureau.

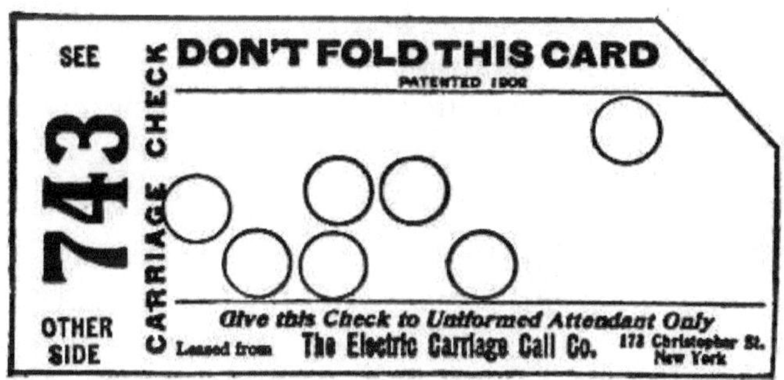

Contrôle du transport/The Electric Carriage Call Co.

"Non. Moi et le chef, nous avons décidé que cela ne voulait rien dire du tout. Il est vieux, vous pouvez le voir à son aspect crasseux, donc il n'est pas resté ici hier. Ces choses sont toujours propres et fraîches lorsqu'elles sont distribuées, et c'est un peu sale avec le temps, voyez-vous.

"Bien!" Je me suis exclamé : « *Pourquoi* un chèque de transport serait-il souillé avec le temps ? Ils sont utilisés le jour même de leur distribution. Pourquoi est-il ici, de toute façon ?

Hudson avait l'air intéressé. «C'est vrai, monsieur Brice», a-t-il admis. «Je suppose que ce chèque a été remis à M. Gately dans un hôtel, par exemple. Eh bien, il ne l'a pas utilisé pour une raison ou une autre et l'a ramené chez lui dans sa poche. Mais comme tu dis, pourquoi est-il ici ? *Pourquoi* l'a-t-il gardé ? Et qu'en a-t-il fait pour lui donner cet aspect usé et pouceté ?

Nous avons tous examiné le chèque. Un morceau de carton blanc, mesurant environ deux pouces sur quatre, et percé de sept trous circulaires dans un ordre irrégulier. Sur le dessus était imprimé « Ne pliez pas cette carte » et à une extrémité se trouvait le numéro 743 en grosses lettres rouges. De plus, le coin supérieur droit a été tranché.

« Eh bien, m'écriai-je, voici une étroite bande de papier collée au bout, et... regardez, c'est presque transparent ! Je peux le lire : « Hôtel Saint-Charles ! C'est de là que ça vient !

"Calmez-vous!" et Hudson sourit avec condescendance, « c'est de là que ça *ne* vient pas ! Il provenait de n'importe quel hôtel, *sauf* du St. Charles. Vous ne le savez peut-être pas, mais souvent un hôtel utilise des contrôles d'appel électriques d'autres hôtels, avec un bout de papier collé sur le nom. C'est un élément dont vous devez vous souvenir. Non, monsieur Brice, je ne peux pas attacher d'importance à ce chèque, mais j'avoue que je ne vois pas pourquoi il est là. À moins que M. Gately ne l'ait trouvé dans sa poche après qu'il soit resté là inaperçu pendant un certain temps. Et pourtant, c'est très feuilleté, n'est-ce pas ? C'est bizarre. Peut-être qu'il l'a utilisé comme marque-page, ou quelque chose comme ça.

«Peut-être que la dame l'a laissé ici», suggéra Norah. "Au même moment où elle a laissé son épingle à chapeau."

"Maintenant, peut-être qu'elle l'a fait", et Foxy Jim Hudson lui sourit avec bienveillance. " Quoi qu'il en soit, vous avez rendu la chose curieuse, et je suppose que je vais la garder pendant un moment. "

Il a rangé la carte dans son portefeuille, et Norah et moi nous sommes souri, satisfaits de lui avoir donné un indice sur lequel réfléchir.

"Vous savez, M. Brice," remarqua Hudson, après une autre période de réflexion silencieuse, "vous l'avez raté, quand vous n'êtes pas arrivé ici plus vite et n'avez pas attrapé le meurtrier en flagrant délit ."

« Si j'avais su que la première porte, celle de Jenny, était la seule que je pouvais ouvrir, bien sûr, j'aurais dû y aller en premier. Mais je n'étais jamais entré ici du tout, je ne suis dans le bâtiment que depuis environ une semaine et j'ai *perdu* un temps précieux à courir d'une porte à l'autre. Mais je trouve quand même bizarre que je n'aie rien vu de l'homme décrit par Jenny.

« L'une des raisons est qu'un tel homme n'existait pas », et Hudson semblait apprécier mon regard vide.

« Alors, qu'est devenu le meurtrier ?

« Je suis descendu dans la voiture avec M. Gately. Ascenseur privé. Lui avoir tiré dessus en descendant... »

"Mais mec, j'ai entendu le coup de feu, et cette pièce était pleine de fumée."

« Alors, je lui ai tiré dessus deux fois. Disons que la première fois, M. Gately n'a pas été tué et a pu monter dans l'ascenseur. Ensuite, le meurtrier intervient également et termine le travail en descendant. C'est un long voyage jusqu'au rez-de-chaussée, vous savez. Ensuite, le meurtrier quitte l'ascenseur, claque la porte et s'en va.

J'ai réfléchi là-dessus. Cela semblait absurde à première vue, et pourtant...

« Pourquoi, alors, Jenny a-t-elle dit qu'elle avait vu un homme ? » » demanda Norah.

« Peut-être qu'elle pensait que oui, vous savez, les gens pensent qu'ils voient ce qu'ils pensent qu'ils devraient voir. Jenny entendit un coup de feu et entra en courant, elle *s'attendait* à voir un homme avec un pistolet ; elle crut donc l' *avoir* vu. Ou encore, la fille est tout à fait capable de fabriquer un fil à partir du solide. Pour l'effet dramatique, vous savez, et pour mettre son petit moi idiot sous les feux de la rampe.

Ce n'était pas incroyable. Jenny n'était pas un témoin fiable. Elle trébuchait et se contredisait sur le chapeau de l'homme et avait donné des témoignages contradictoires sur son pardessus.

« Eh bien, comme je l'ai dit, M. Brice, vous aviez la chance d'être sur place mais vous l'avez manqué. Bien sûr, ce n'est pas votre faute, mais c'est dommage. Maintenant, supposons que vous me parliez à nouveau, aussi fidèlement que possible , de cette autre ombre, celle qui n'était pas M. Gately.

J'ai essayé d'ajouter des détails à mes informations précédentes, mais j'ai trouvé impossible de le faire.

"Eh bien, est-ce que ça aurait pu être une femme?"

« Au début , j'aurais dû dire non, M. Hudson. Mais en y réfléchissant bien, je suppose que je peux dire que cela *aurait pu* être le cas, mais je ne pense pas que ce soit le cas.

"Vous savez, de nos jours, les femmes portent leurs cheveux si près de leur tête que leur tête ne serait pas plus grande que celle d' un homme."

"C'est vrai", s'écria Norah. « La tête d'une femme est plus petite que celle d'un homme , mais ses cheveux la font paraître plus grande dans l'ombre. À moins, comme le dit M. Hudson, qu'elle le portait enroulé autour de sa tête – et qu'elle n'avait pas grand-chose, de toute façon.

"Vous sortez, M. Brice", a ordonné Hudson, "et regardez les ombres de moi et de Miss MacCormack , puis revenez et dites-nous ce que vous pouvez remarquer."

Je l'ai fait, et les deux têtes sont apparues sur la même porte que j'avais surveillée la veille. Mais la lumière du jour plus brillante rendait les ombres encore plus vagues qu'hier, et je revins sans beaucoup d'informations.

« Je pouvais bien sûr dire lequel était lequel, » ai-je rapporté, « mais il est vrai que si je ne vous avais pas du tout connu, j'aurais pu prendre la tête de Norah pour un homme, et j'aurais pu croire, Hudson, que tu étais une femme. Il est surprenant de constater à quel point l'individualité est peu visible dans l'ombre.»

"Eh bien, bien sûr, ils étaient plus clairs hier, car la salle était plus sombre", songea Hudson. "Après tout, M. Brice, votre témoignage ne peut pas valoir grand-chose à moins que nous puissions identifier le véritable meurtrier derrière cette vitre, et qu'une forme ou une caractéristique particulière vous fasse reconnaître la tête sans aucun doute."

«Je pense que je pourrais faire ça», répondis-je; "car même si je ne peux décrire aucune particularité, je suis sûr que je reconnaîtrais la *même* tête."

"Tu es?" et Hudson m'a regardé attentivement. "Eh bien, peut-être que nous allons vous tester là-dessus."

Ils avaient donc un suspect précis. Et ils m'ont proposé d'expérimenter avec ma mémoire. Eh bien, j'étais prêt, quand ils l'étaient.

Norah et moi sommes allés dans la troisième pièce, Hudson ne faisant aucune objection. À une autre époque, nous aurions été profondément intéressés par les tableaux et le mobilier, mais maintenant nous n'avions d'yeux et de pensées que pour une seule chose.

Nous avons regardé derrière la carte de guerre et avons vu la porte de l'ascenseur, mais nous n'avons pas pu l'ouvrir.

« La voiture est en panne », a déclaré Hudson, qui nous observait attentivement. « Je ne sais pas si on l'utilisera à nouveau un jour. Mais je suppose que ces chambres seront louées à quelqu'un d'autre, un jour. Les affaires de M. Gately ici seront envoyées chez lui, je suppose, mais sa succession est importante et il faudra beaucoup de temps pour la régler.

« Qui est son exécuteur testamentaire ?

"M. Pond, son avocat. Mais ses affaires financières vont bien. Rien de tordu chez Amos Gately – financièrement. Vous pouvez vous en occuper!"

"Comment alors?" Ai-je demandé, car le ton impliquait une réserve mentale.

"Je ne dis pas. Mais on dit que chaque homme a un côté secret dans sa vie, et pourquoi M. Gately devrait-il être une seule exception ?

"Une femme?" » demanda Norah, rappelant toujours ses soupçons fondamentaux.

Foxy Jim Hudson la favorisait de ce regard vide qui était souvent sa réponse à une question importune et qui, peut-être, contribuait à lui valoir son surnom.

Puis il rit et dit : « Vous avez lu des romans policiers, mademoiselle. Et vous vous souvenez qu'on dit toujours "Les églises sont féminines !" Eh bien, allez à l'église, si vous le souhaitez. Mais préparez-vous à un résultat triste et douloureux.

L'homme était visiblement profondément ému et son grand visage simple était empreint d'émotion.

Mais comme il ne voulait rien nous dire de plus, et comme Norah et moi avions terminé notre fouille plutôt improductive des chambres, nous sommes retournés à mon bureau.

Ici, Norah m'a montré ce qu'elle avait pris dans la poubelle.

« Je le lui rendrai, si vous le dites », proposa-t-elle ; "Mais il ne pouvait rien y faire, et peut-être que je le peux."

Ce n'était qu'un tout petit bout de papier rosâtre, fin et très froissé. Je l'ai pris.

« Soyez prudent », prévint Norah ; "Je ne pense pas qu'il puisse montrer des empreintes digitales, mais de toute façon, c'est une sorte de point d'écoute ."

"Mais qu'est-ce que c'est?" Ai-je demandé d'un ton vide, tout en tenant délicatement le papier froissé entre le pouce et l'index.

"C'est du papier poudré", confirma brièvement Norah.

"Un quoi?"

« Un papier poudré. Les femmes les portent , ils se présentent sous forme de petits livres. C'est une des feuilles. On les frotte sur le visage, et la poudre s'enlève sur le nez ou sur les joues.

"Est-ce ainsi? Je n'en ai jamais vu auparavant.

"Beaucoup de filles les utilisent." Le teint clair et sain de Norah réfutait toute idée selon laquelle elle en avait besoin, et elle parlait avec un peu de mépris.

"Prouvant une fois de plus la présence de ce que l'ami Hudson appelle une femme ", ai-je souri.

"Oui; mais ces choses ont une grande individualité, M. Brice. Celui-ci est d'une qualité extrêmement fine, il a un parfum distinct et bien défini, et il s'agit sans aucun doute d'un article importé, probablement de France.

« Peuvent-ils surmonter de telles choses maintenant ?

« Oh, pshaw, il a peut-être été importé avant la guerre. Cette qualité garderait son odeur pour toujours ! Quoi qu'il en soit, tu ne crois pas qu'on pourrait retrouver la femme qui l'a utilisé et l'a laissé là ? Cela a dû se passer hier, car le panier est évidemment vidé tous les jours dans ce bureau.

"Bonne fille, Norah!" et j'ai hoché la tête en signe d'approbation. « Tu es vraiment une She Sherlock ! C'est un peu intime, n'est-ce pas, de la part d'une femme de se repoudrer le nez dans le bureau d'un homme ?

« Pas du tout, M. Old Fogey ! Eh bien, on peut voir les filles faire ça partout, de nos jours. Dans les tramways, au théâtre, n'importe où.

"D'accord. Comment proposez-vous de procéder ?

"Je pense que je vais me rendre dans les parfumeries les plus chics de la Cinquième Avenue et essayer d'obtenir des renseignements sur le fabricant de ce papier."

Ma porte s'est alors ouverte et le chef de la police s'est tenu sur le seuil.

"Voudriez-vous venir de l'autre côté du couloir, M. Brice ?" il a dit.

"Puis-je venir?" » a lancé Norah, et sans attendre la réponse, qui d'ailleurs n'est jamais venue, elle nous a suivis.

« Nous avons beaucoup appris », commença le chef pendant que j'attendais, interrogateur. « Et maintenant, réfléchissez bien, M. Brice, je veux que vous me disiez si la tête que vous avez vue sur la porte aurait pu être une tête de femme ?

«Je pense que cela aurait pu l'être, chef; nous en avons discuté, et je suis prêt à dire que cela aurait pu être le cas, mais je ne pense pas que ce soit le cas.

« Et les épaules ? Bien que large, comme celle d'un homme, la silhouette d'une femme, par exemple enveloppée de fourrures, ne pourrait-elle pas produire un effet similaire ?

Un frisson glacial me parcourut, mais je répondis : « C'est possible ; les contours étaient très flous.

« Nous enquêtons attentivement sur les déplacements de Miss Raynor, poursuivit-il d'un ton ferme, et nous découvrons qu'elle a délibérément menti sur l'endroit où elle a passé hier après-midi. Elle a dit qu'elle était chez un ami sur Park Avenue. Nous avons appris le nom de la jeune femme et elle dit que Miss Raynor n'était pas là du tout hier. De plus, nous constatons que Miss Raynor était dans ce bureau *après* les appels des personnes âgées que nous connaissons, et non *avant* eux, comme Miss Raynor elle-même en a témoigné.

«Mais…» commençai-je.

"Attendez un moment s'il vous plaît. Ceci est positivement prouvé par le fait qu'un chèque tiré au nom de Mlle Raynor par M. Gately suit immédiatement *les* deux chèques tirés au nom de M. Smith et de Mme Driggs.

« Prouver ? J'ai haleté.

"Cette Miss Raynor est la dernière personne connue à se trouver dans cette pièce avant la fusillade."

« Oh ! s'écria Norah, c'est dommage ! Soupçonner cette charmante fille ! Eh bien, elle ne ferait pas de mal à une mouche !

"Est-ce que tu la connais?"

"Non monsieur; mais--"

« C'est un fait souvent prouvé que la femme la plus douce et la plus douce, si elle est suffisamment provoquée ou si on lui en donne une soudaine opportunité, fera dans un moment de passion ce que personne n'aurait imaginé qu'elle puisse faire ! Miss Raynor était très en colère contre son oncle, — Jenny l'avoua après beaucoup de retard. M. Gately avait un revolver, habituellement dans le tiroir de son bureau, mais *il n'y* est plus maintenant. Et… » – une pause impressionnante précéda l'argument suivant, « M. Amory Manning est introuvable.

« Qu'en déduisez-vous ? Ai-je demandé, étonné.

« Qu'il a volontairement disparu, de peur qu'il ne soit amené comme témoin contre Miss Raynor. Il pourrait mieux aider sa cause s'il était hors de la ville et impossible à localiser. Alors il est parti et elle a fait comme si elle ne le savait pas. Bien sûr, elle l'a fait, ils étaient de connivence… »

"Arrêt!" J'ai pleuré, "tu fais une romance. Vous supposez des conditions qui sont fausses ! »

«J'aimerais qu'il en soit ainsi», et le chef montra pour le moment un aspect très humain; « mais je n'ai pas le choix en la matière. Je suis poussé par une armée inexorable de faits qui ne peuvent être battus. À votre avis, à quoi d'autre pourrait expliquer la disparition soudaine de M. Manning ? Attaqué ?

Absurdité! Pas dans la tempête d'hier soir. Enlevé ? Pourquoi? C'est un citoyen inoffensif, pas un millionnaire ou un homme d'influence. Vous avez dit que vous l'aviez vu hier soir, M. Brice. Où était-ce exactement ?

J'ai raconté mon voyage dans la voiture de la Troisième Avenue et ma descente à la Vingt-deuxième Rue, avec l'intention de parler à M. Manning. Puis j'ai raconté sa disparition soudaine, presque mystérieuse.

"Pas mystérieux du tout", dit le chef. « Il vous a fait exprès de vous tromper. Il s'en alla aussitôt et se cacha soigneusement. Mais nous le trouverons. Ce n'est pas facile pour un homme de se cacher de la police de nos jours et de cette génération !

"Mais, Miss Raynor!" Dis-je, toujours incrédule. "Pourquoi? Quel motif ?

« Parce que son oncle ne la laissait pas épouser Amory Manning. Lorsqu'elle a dit qu'elle était allée chez son amie, Miss Clark, elle s'était en réalité rendue chez une Mme Russell, la sœur de Manning. Elle devait y rencontrer Manning. J'ai tout cela directement de Mme Russell.

"Et vous pensez que c'est l'ombre de Miss Raynor que j'ai vue sur la porte !"

"Vous avez dit que c'était peut-être une femme."

« Très bien, alors cherche une autre femme ! Ce n'a jamais été Miss Raynor ! »

« Votre indignation, M. Brice, est à la fois naturelle et admirable, mais elle est basée sur votre réticence à penser du mal de Miss Raynor. La police n'a pas le droit de s'offrir le luxe de tels sentiments.»

« Mais… mais… comment a-t-elle… comment Miss Raynor est-elle sortie de la pièce ?

« Nous n'accordons pas entièrement crédit à l'histoire de Jenny selon laquelle l'homme avec un revolver courait en bas des escaliers. Et nous pensons que l'auteur de la fusillade est peut-être descendu dans l'ascenseur privé avec la victime. Il serait facile de gagner la rue sans se faire remarquer, et cela suppose que quelqu'un soit familiarisé avec le fonctionnement de l'ascenseur automatique.

"Mais Miss Raynor a dit qu'elle ne l'avait jamais vu", m'écriai-je triomphalement. "Elle a dit qu'elle n'avait entendu que son oncle en parler!"

"Je sais qu'elle l' *a dit* ", répondit le chef.

CHAPITRE VII

La course d'Hudson

Pendant un jour ou deux, j'ai circulé, décidément de mauvaise humeur. Je ne me sentais pas suffisamment connaître Miss Raynor pour lui rendre visite, bien qu'elle me l'ait demandé une fois, mais j'avais très envie de savoir si la police lui avait déjà fait part de leurs soupçons. Je pensais qu'ils attendaient peut-être des preuves supplémentaires, ou peut-être qu'ils attendaient après les funérailles de M. Gately. Jusqu'à présent, il n'y avait rien dans les journaux impliquant Olive, et j'espérais contre tout espoir qu'il n'y en aurait pas. Mais j'étais sûr qu'elle était étroitement surveillée et je ne savais pas quelles nouvelles preuves pourraient être concoctées contre elle.

Les funérailles du grand capitaliste avaient lieu samedi soir.

J'y ai assisté, et c'était ma première visite à la maison, je n'étais pas du tout préparé à la richesse des trésors d'art qu'elle contenait.

J'étais assis dans le grand salon, perdu dans l'admiration des tableaux et des bronzes, ainsi que de la belle architecture et des décorations murales.

Une foule de gens assistait aux offices et le parfum oppressant des fleurs rassemblées et le cliquetis continu des chaises pliantes, combinés aux chuchotements et au bruissement discret du public, produisaient cette atmosphère funéraire incomparable, si éprouvante pour les nerfs sensibles.

Puis, une seule voix de soprano claire et douce, élevée dans un hymne solennel, a brisé la tension, et bientôt les brèves obsèques ont été terminées, et je me suis retrouvé à avancer avec la cohue des gens qui se précipitaient lentement vers la porte.

Je suis rentré chez moi à pied, l'air clair et glacial étant reconnaissant après les salles bondées.

Et je me suis demandé. Je me demandais quelle serait la prochaine scène de cet horrible drame. Accuseraient-ils Miss Raynor, la charmante Olive Raynor, du crime ? Comment pourraient-ils ? Cette fille délicate et noble !

Et pourtant, elle était indépendante de toute pensée et intrépide face à l'action.

Même si je ne la connaissais que peu, j'avais plus ou moins entendu parler d'elle et j'avais appris qu'elle n'était en aucun cas d'un caractère cédant ou facilement influençable. Elle était profondément irritée par le traitement tyrannique de son tuteur à son égard et le lui avait souvent dit. Même s'ils n'étaient pas extérieurement opposés, ils étaient de nature peu sympathique et avaient des goûts très divergents.

Olive, comme il est naturel pour une jeune fille, voulait des invités et de la gaieté. M. Gately, un homme profondément égoïste, préférait le calme et l'absence de compagnie. Son insistance se heurta à un refus et les résultats furent souvent pénibles pour tous deux. En fait, Miss Raynor avait menacé de quitter la maison de son tuteur et de vivre seule, mais cela ne convenait en aucun cas à ses convenances. Le confort de sa maison et la bonne administration de sa maison dépendaient en grande partie de la gestion compétente et efficace d'Olive, et sans sa présence et ses soins, il manquerait de nombreux détails agréables de son existence quotidienne. Il lui permettait rarement de partir en visite et ne lui permettait presque jamais d'avoir un ami pour rester avec elle.

J'ai appris ces choses intimes de Norah, qui, à son tour, les a tenues de Jenny.

Jenny n'était pas avec M. Gately depuis longtemps, mais elle avait réussi à recueillir des bribes d'informations sur sa vie familiale avec une rapidité surprenante et, interrogée par la police, elle avait dit tout ce qu'elle savait, et, je le soupçonnais, *plus* qu'elle. Je savais, à propos de Miss Raynor.

Maintenant, je ne suppose pas que la police soit allée jusqu'à supposer qu'Olive Raynor avait tué M. Gately parce qu'il ne voulait pas céder à ses souhaits, mais ils semblaient penser qu'ils avaient vraiment des raisons de soupçonner.

J'étais désespéré. Dimanche, je ne pensais qu'à cela et je me demandais si ce ne serait pas trop présomptueux de ma part d'offrir mon aide ou mes conseils à Miss Raynor. Elle avait sans aucun doute des hordes de conseillers, mais elle aurait peut-être besoin d'un ami juridique comme moi.

Sur un coup de tête, j'ai téléphoné et lui ai demandé si elle souhaitait me voir. À ma grande surprise, elle a accueilli favorablement la suggestion et m'a supplié de l'appeler dans l'après-midi, car elle avait réellement besoin de conseils juridiques.

Ainsi, à quatre heures, je me retrouvais de nouveau chez le défunt président de la Trust Company.

Cette fois, on me conduisit à une petite salle de réception, où Olive apparut bientôt.

«C'est par là, monsieur Brice», dit-elle après quelques instants de conversation. "Je n'aime pas M. Pond, c'est l'avocat de mon oncle, je ne peux tout simplement pas supporter cet homme!"

« Pour une raison précise, Miss Raynor ? J'ai demandé.

"N... non,... eh bien, c'est... oh, c'est un horrible vieux truc, et il veut m'épouser !"

"Etes-vous sûr de vouloir me confier ces affaires personnelles ?" Je pensais que je devais dire cela, car la jeune fille était nerveusement excitée et je n'étais pas du tout sûr qu'elle ne regretterait pas plus tard son franc-parler.

"Oui je le fais. Je veux un avocat, M. Brice, et je n'aurai pas M. Pond. Je vous demande donc ici et maintenant de prendre en charge mes affaires, de vous occuper de mes affaires financières et de me conseiller de plusieurs manières lorsque j'ai besoin de votre aide. Vous pensez peut-être que j'ai beaucoup d'amis, - les grands yeux bruns imploraient pathétiquement, mais ce n'est pas le cas. Oncle Amos – bien sûr, vous savez qu'il n'était pas mon oncle, mais je l'appelais ainsi – ne me permettait pas de me faire beaucoup d'amis et ses propres connaissances sont toutes des personnes âgées et il n'en avait pas beaucoup. Mon argent est à moi. M. Gately a été pointilleux dans la gestion de mes comptes, et je veux que tout soit retiré des mains de M. Pond et transféré à vos soins. Cela peut être fait, bien sûr.

Olive avait l'air impérieuse et semblait penser que l'affaire était réglée.

« Sans aucun doute, cela peut être arrangé, Miss Raynor ; Je vais prendre cela en considération."

« Ne réfléchissez pas, dites simplement oui ! Si vous ne le faites pas, je devrai chercher un autre avocat, et… je préférerais vous avoir.

Je n'étais pas à l'abri de ses jolies manières dictatoriales et j'ai accepté de prendre les mesures qu'elle souhaitait.

Elle a continué en me racontant comment elle avait été placée :

Non seulement en possession d'une fortune considérable, le testament d'Amos Gately lui a laissé une belle somme supplémentaire, ainsi que la maison dans laquelle ils avaient vécu.

« Vous voyez donc, dit Olive, je continuerai à vivre ici, pour le moment. J'ai maintenant Mme Vail avec moi, en tant que duègne, par souci de convenance. C'est une chère vieille dame, d'un genre souple et maniable. Je l'ai choisie pour cette raison, en grande partie. De plus, elle est agréable et joyeuse, et j'aime l'avoir avec moi. J'aimais bien l'oncle Amos, M. Brice, mais nous avons eu de nombreuses dissensions. S'il m'avait laissé un peu plus de liberté, j'aurais pu m'entendre à merveille avec lui, mais il m'a traité comme un enfant. Vous voyez, il m'a emmené vivre avec lui quand j'étais *enfant*, et il n'a jamais réalisé que j'avais grandi et que j'avais une individualité et une volonté qui me sont propres. J'ai vingt-deux ans et il s'est comporté comme si j'en avais douze !

"Et maintenant, absolument ta propre maîtresse ?"

"Oui; cela ne semble-t-il pas étrange ? Et *tout cela est* si étrange ! Cette maison, sans lui, est comme une autre maison. Et l'horreur de sa mort ! Parfois, je pense que je ne peux pas rester ici, je dois aller dans un autre environnement. Mais l'idée de déménager d'ici me dépasse, de toute façon, pour le moment. Oh, je ne sais pas *quoi* faire ! Je ne peux pas réaliser qu'il est parti !

Olive n'a pas pleuré. Elle était assise, les yeux secs et sans larmes, l'air si pathétiquement seule et si incapable de faire face à ses nouvelles responsabilités, que je lui ai promis avec plaisir toute l'aide possible que je pouvais lui apporter, tant sur le plan juridique que personnel ou amical.

« Ne me croyez pas impuissante », dit-elle en lisant mes pensées ; "Je serai à la hauteur de la situation, je m'adapterai à mon changement de situation, mais cela prendra un peu de temps, bien sûr."

« Oui, en effet », ai-je accepté, « et n'essayez pas d'en faire trop au début. Prenez suffisamment de temps pour vous reposer et vous laisser réagir au choc et aux scènes horribles que vous avez vécues.

Il était clair pour moi que la jeune fille ne pensait pas qu'elle était suspectée ou que la police la surveillait. Je me demandais s'il serait plus aimable de lui en faire part ou de la laisser dans l'ignorance, quand à ce moment-là un domestique entra, disant que M. Hudson souhaitait avoir une entrevue avec Miss Raynor.

Hudson! Foxy Jim Hudson! Bien sûr, cela ne peut signifier qu'une chose.

"Laisse moi rester!" J'ai dit impulsivement et "Oh, fais-le!" elle revint, et une minute plus tard , Hudson entra.

Il y avait quelque chose dans les manières de cet homme que je ne pouvais m'empêcher d'apprécier et si Olive devait être interrogée , j'étais sûr qu'il le ferait avec autant de douceur que n'importe qui.

Bien qu'inculte, sa voix était gentille et, tandis qu'il posait quelques questions préliminaires, Olive répondit directement et sans objection.

Mais lorsqu'il lui demanda où elle se trouvait l'après-midi de la mort de M. Gately, elle le regarda avec hauteur et répondit :

«J'ai raconté tout cela à l'homme qui m'a interrogé en ville, à savoir M. Martin.»

« Lui avez-vous dit la vérité, Miss Raynor ?

"Monsieur?"

Dans ce seul mot, Olive a mis un monde de fierté méprisante, mais je pouvais aussi noter une expression de peur dans ses yeux.

"Maintenant, laissez-moi vous donner un petit conseil amical", a déclaré Hudson, "vous êtes une très jeune femme, et vous pensez probablement que vous pouvez dire un petit mensonge blanc et vous en sortir, mais vous ne pouvez pas." faites-le à la police. Vous voyez, mademoiselle, nous savons où vous étiez mercredi après-midi, et autant être franc à ce sujet.

« Très bien, alors, où en étais-je ?

« Chez Mme Russell, la sœur de M. Manning. »

Olive le regarda avec étonnement. Puis son attitude a changé.

« Puisque vous le savez, » dit-elle, « autant l'admettre. J'étais *chez* Mme Russell. Et alors ?

« Seulement, si vous avez tergiversé dans un cas, Miss Raynor, vous l'avez peut-être fait dans d'autres. Voulez-vous me dire pourquoi vous avez dit que vous étiez chez votre amie, Miss Clark ? »

" Bien sur. Mon tuteur ne voulait pas que j'aille chez Mme Russell, pour des raisons personnelles. Aussi, lorsque je souhaitais y aller, je lui disais parfois que j'allais chez Miss Clark. Ce petit mensonge me paraissait justifiable, car M. Gately n'avait pas le droit de dire où je devais aller et où je ne devais pas aller ! Si j'ai menti, c'est parce que ses règles et règlements injustes m'y obligeaient ! En général, je ne suis pas un conteur. Si j'ai été contraint de l'être pour jouir de quelques plaisirs ou divertissements simples, ce n'est l'affaire de personne d'autre que la mienne.

« C'est vrai, Hudson, intervins-je, pourquoi vous constituer le professeur de l'école du dimanche de Miss Raynor ?

« Désolé de devoir le faire », et le visage bon enfant montra un réel regret ; « mais j'ai des ordres. Maintenant, Miss Raynor, je dois vous poser quelques questions claires. Où est M. Amory Manning ?

"Je ne sais pas! J'aurais seulement aimé le faire !

« Maintenant, maintenant, ça ne marchera pas ! Je suppose que vous pouvez me donner une idée de l'endroit où il se trouve. Vous ne pouvez pas nous tromper, vous savez.

"Je ne veux pas non plus!" Les yeux d'Olive brillèrent. « Parce que j'ai jugé nécessaire d'échapper de temps en temps à l'espionnage de mon tuteur, vous ne devez pas penser que je suis incapable de dire la vérité ! Je n'ai aucune idée de l'endroit où se trouve M. Manning et je crains extrêmement qu'il ne lui arrive quelque malheur. Si vous parvenez à le trouver, vous me rendrez un grand service.

« Êtes-vous fiancée à lui, Miss Raynor ?

« Non, je ne le fais pas, même si je ne vous concède pas le droit de poser cette question. M. Manning et moi sommes de bons amis, c'est tout.

"M. Gately n'a pas approuvé ses attentions envers vous ?

« Il ne l'a pas fait, et c'est pourquoi je me suis abstenu de raconter des occasions où j'ai vu ou pourrais voir M. Manning chez sa sœur. Si cela vous intéresse, je n'ai aucune objection à ce que vous le sachiez.

« Pouvez-vous tirer avec un pistolet, Miss Raynor ? »

J'ai compris que c'était la méthode d'Hudson de la surprendre et ainsi, peut-être, d'apprendre quelque chose d'une réponse donnée au dépourvu.

« Oui, » répondit-elle promptement, « je suis un bon tireur ; pourquoi?"

Ses yeux émerveillés étaient désormais intrépides, et cela me semblait une preuve de son entière innocence qu'elle ne montre aucune gêne face à cette enquête.

Mais Hudson pensait évidemment différemment. Il la regarda d'un air accusateur et continua : « Possédez-vous un pistolet ?

"Oui; M. Gately m'en a offert un il y a quelques années.

"Où est-il?"

« Là-bas, dans notre campagne, à Long Island. J'ai peur des cambrioleurs là-bas, mais pas autant en ville.»

« Hmm. Maintenant, Miss Raynor, vous êtes la dernière personne connue à avoir vu Amos Gately vivant.

"Eh bien, M. Brice a vu la fusillade !"

« Seulement dans l'ombre. Je veux dire, tu es la dernière personne connue à avoir parlé avec lui dans son bureau. Votre entretien était- il… euh… amical ?

« Tout à fait vrai. J'y suis allé pour de l'argent, comme je le faisais de temps en temps. Mon tuteur m'a donné un chèque et je l'ai encaissé à la Trust Company Bank.

« Oui, nous le savons ; et que le chèque vous a été remis, puis encaissé, à peu près au moment où M. Gately a été tué.

«Plus tôt, M. Hudson. J'étais à la banque vers deux heures et demie.

« Non, Mlle Raynor. Nous avons la déclaration du caissier selon laquelle vous étiez là vers trois heures.

"Il se trompe", la voix d'Olive était confiante et avait un ton d'indignation, "à trois heures, ou très peu après, j'étais chez Mme Russell."

"Est-ce que M. Manning était là?"

"Non; il comptait venir plus tard, après avoir réglé quelques affaires.

« Quelle était l'affaire ? »

"Je ne sais pas, mais cela devait être quelque part à proximité du bâtiment puritain, car il était à proximité lorsque je suis arrivé."

"C'était à quelle heure ?"

« Je ne sais pas exactement, peut-être vers trois heures et demie ou un peu plus tard. Je n'étais chez Mme Russell que depuis quelques instants lorsque M. Talcott m'a téléphoné là-bas.

"Comment a-t-il su que tu étais là?"

"Il a d'abord appelé Miss Clark, et elle le lui a dit."

« Vos amis vous ont donc aidé et encouragé à tromper votre tuteur ?

«Je n'apprécie pas la façon dont vous dites cela, M. Hudson,» Olive le regarda avec hauteur, «mais je réponds oui. Mes amis étaient d'accord avec moi sur le fait que M. Gately était déraisonnable dans ses ordres et que je n'étais pas obligé de leur obéir.

"Mais tu es désormais libéré de son injustice."

« C'est un discours brutal et indigne d'aucun homme ! Ma liberté est trop chèrement achetée à un prix si effrayant !

"Es-tu *sûr* de le penser?"

« Que voulez-vous sous-entendre, M. Hudson ? S'exprimer! Pensez-vous que j'ai tué mon tuteur ?

"Il y a des gens qui pensent ça, Miss Raynor."

"Quittez cette maison!" s'écria Olive en se levant. « De tels mots ne peuvent pas être prononcés ici ! »

« Maintenant, maintenant, mademoiselle, le drame ne vous mènera nulle part ! Il existe des preuves contre vous, du moins c'est ce que pense la police, et c'est à moi de vous dire que nous devons vous demander de ne pas sortir de la ville sans nous en informer. Nous ne vous accusons pas, mais nous voulons que vous soyez là où nous pouvons communiquer avec vous à volonté. J'y vais maintenant, Miss Raynor. Je suis venu seulement pour m'assurer de quelques points, ce que j'ai fait, et pour vous dire de rester à portée de main. En fait, autant vous dire que toute tentative de fuite sera vouée à l'échec.

« Vous voulez dire que je suis sous surveillance !

"C'est à peu près tout, mademoiselle."

Olive le regardait comme on regarde un ver de poussière.

"Aller!" dit-elle doucement mais avec force. « Je ne quitterai pas la ville, je ne quitterai probablement pas cette maison. Vos soupçons sont méprisables. Cependant, cela m'a appris une chose : j'engagerai quelqu'un d'autre, quelqu'un d'extérieur à la stupide police, pour découvrir le meurtrier de mon oncle ! Et aussi pour retrouver mon ami, M. Manning.

Hudson sourit. Il regarda Olive avec presque tolérance, comme si elle était une enfant volontaire .

"D'accord. Mlle Raynor. Je vous crois sur parole quant à votre séjour ici, et je suppose que la police va encore arrêter le meurtrier et découvrir également la cachette d'Amory Manning. Bonne journée."

Hudson s'en alla et Olive se tourna vers moi avec une fureur furieuse.

"Quelle insolence!" s'exclama-t-elle. « De telles choses sont-elles autorisées ? Venir ici et pratiquement m'accuser du meurtre de mon oncle !

"Ce n'était pas ton oncle, tu sais."

« Cela n'a pas d'importance. Je l'aimais comme un parent. Sa sévérité et ses ordres déraisonnables me déplaisaient, mais cela n'altéra en rien mon véritable amour et mon affection pour cet homme. Il a été tout pour moi pendant la plus grande partie de ma vie. Il a été la gentillesse même dans la plupart des domaines. Il m'a fait plaisir de toutes les manières possibles en ce qui concerne le confort et le luxe. Il n'a jamais critiqué la manière dont je dépensais mon argent ni dont je me divertissais, sauf lorsqu'il s'agissait de recevoir des invités ou de faire des visites.

« Et autoriser les admirateurs ?

" Il y avait des hommes qu'il approuvait ... autant le savoir, M. Brice, mon tuteur souhaitait que j'épouse son ami et avocat, M. Pond. "

"Pourquoi, alors que ce monsieur est tellement votre aîné ?"

«Simplement parce que mon oncle l'aimait tellement. Et aussi, mon oncle n'a jamais semblé se rendre compte que j'étais d'une génération différente de la sienne. Il ne pouvait pas comprendre, – il ne pouvait vraiment pas – pourquoi je voulais de la jeune compagnie et des soirées gays. *Il* ne l'a pas fait, et il a vraiment supposé que *non* . Je pense qu'il n'a jamais réalisé à quel point il me privait en m'interdisant la société.

"Est-ce que ça revient vraiment à ça?"

"Pratiquement. Ou bien, si je parvenais à le persuader de me laisser recevoir un invité ou une petite fête, il rendait les choses si désagréables que j'étais heureux quand ils étaient partis.

"Désagréable, comment?"

"Oh, s'agiter, comme si son confort était gêné , comme s'il était terriblement gêné par leur présence et en exigeant mon temps et mon attention pour lui-même, au lieu de me permettre de divertir mes invités correctement."

"Sans doute pour que tu ne recommences pas."

"Oui bien sûr. Mais tout cela m'était inconfortable , presque insupportable, et pourtant on ne tue pas son peuple pour de telles choses.

Pour moi, cette simple déclaration d'Olive Raynor était plus convaincante qu'une tempête de déni. Elle avait fulminé avec indignation au moindre soupçon de suspicion, mais sa réfutation calme et digne allait loin pour m'assurer de son entière innocence.

"Bien sûr que non", ai-je accepté, "et maintenant il faut découvrir qui l'a fait. Avez-vous le moindre soupçon, Miss Raynor, même le plus léger ?

"Non; sauf qu'il me semble que ce devait être un homme qui connaissait mon oncle dans le domaine des affaires. Bien qu'homme généreux et charitable, Amos Gately était scrupuleusement juste, et s'il avait des ennemis, c'étaient des hommes qu'il avait découverts dans des méfaits et qu'il les avait dénoncés ou punis. Aucun homme n'avait de juste motif d'inimitié contre lui, j'en suis sûr !

CHAPITRE VIII

L'homme qui tomba à travers la terre

— Et c'est à moi, poursuivit Olive avec un regard solennel dans ses yeux marron, de venger la mort de mon tuteur. Je ne m'inquiète pas de cette surveillance, ou peu importe comment on l'appelle, de moi-même, c'est trop absurde pour être pris très au sérieux. Bien entendu, je ne quitterai pas la ville et je répondrai à toutes les questions que la police pourrait me poser. Car, voyez-vous, monsieur Brice, la seule raison que j'avais pour mentir n'est plus une raison. J'ai eu recours à des « mensonges blancs » parce qu'oncle Amos était trop strict avec moi, mais je n'ai plus besoin de ce genre de choses, et je vous assure que vous me trouverez absolument véridique à partir de maintenant.

Un petit sourire triste accompagnait ces mots, et une expression sérieuse sur son visage délicat et noble me donnait une confiance implicite dans sa sincérité.

« Alors, lui dis-je en toute hâte, ne contrariez pas la police. S'ils vous ont sous les yeux, soyez assuré qu'ils pensent qu'il y a une raison de vous surveiller. Soyez amical, ou du moins patient avec eux, et ils se rendront d'autant plus vite compte de leur erreur. De plus, vous souhaitez leur aide pour retrouver le véritable meurtrier de votre tuteur. C'est une affaire mystérieuse, Miss Raynor.

"Oh, c'est vrai, M. Brice, et il se peut qu'en pénétrant le mystère, nous puissions découvrir quelque chose... vous savez, quelque chose de préjudiciable au caractère de M. Gately."

« Avez-vous une telle crainte… définitivement, je veux dire ?

« Pas définitivement, non. Si c'était le cas, je devrais vous le dire. Mais d'une manière vague et inquiète, j'ai l'impression qu'il doit y avoir quelque chose dans sa vie qui a provoqué cela et dont je ne sais encore rien. Mais vous pensez, n'est-ce pas, que nous devons aller de l'avant et apprendre tout ce que nous pouvons ?

« Vous n'avez donc pas peur de l'enquête, ni pour vous-même, ni pour quelqu'un d'autre ?

J'ai posé cette question après un moment d'hésitation, mais il me fallait pourtant le savoir.

"Non, monsieur," résonna clairement sa voix. «Je sais ce que vous voulez dire, vous pensez à M. Manning. Et il y a une autre tâche pour vous. Nous devons trouver Amory Manning. Cet homme ne s'en allait jamais volontairement sans m'envoyer un mot. Il a dit qu'il viendrait ici cette nuit-là, la nuit de la mort de mon oncle. Il n'est pas venu et n'a pas communiqué avec moi d'aucune façon. Cela signifie qu'il n'a pas pu le faire.

"Mais qu'est-ce qui aurait pu se passer pour qu'il lui soit impossible de vous envoyer un message ?"

« Je ne sais pas – je n'arrive pas à penser, j'en suis sûr. Mais il a été attaqué ou vaincu par quelqu'un qui voulait qu'il soit mis à l'écart. M. Manning avait des ennemis, je peux vous le dire…

« Vous en savez plus ? Que tu ne peux *pas* me le dire ?

"Non; c'est à dire, je ne *sais pas* n'importe quoi… mais j'ai quelques pressentiments… oh ! rien de précis, monsieur Brice, mais je ne peux m'empêcher de craindre que nous ne reverrons plus jamais Amory Manning vivant !

« Je ne veux pas forcer votre confiance, mais ne pouvez-vous pas me dire quelques faits supplémentaires ? Pourquoi a-t-il des ennemis ? Sont-ils politiques ?

"Oui; dans un sens. De toute façon, ne me le demandez pas maintenant. Essayons de retrouver Amory et si nous échouons, je déciderai peut-être qu'il est de mon devoir de vous dire ce que je vous cache maintenant.

Et avec cela, j'ai été obligé de me contenter. Car Olive Raynor ne parlait pas comme une jeune fille inexpérimentée, comme je l'avais pensé ; elle me donnait maintenant l'impression d'une jeune femme impliquée dans des affaires importantes et détentrice de confiance de secrets importants.

« Pour commencer, dis-je, supposons que nous essayions d'abord de retrouver M. Manning, ou de savoir ce qu'il est devenu.

«Oui», acquiesça-t-elle; « Mais comment procéder ? J'ai déjà téléphoné à plusieurs de ses amis que je connais, et aucun d'eux ne l'a revu depuis ce jour, le jour de la mort de mon oncle. Dieu merci, personne n'est assez stupide pour lui reprocher cela ! »

"Ils ne pouvaient pas très bien le faire, car il était avec vous lorsque la découverte a été faite."

"Je sais cela. Et que la police affirme qu'il s'est enfui pour se cacher afin de me protéger des soupçons est à peu près la théorie la plus absurde qui soit !

"Je le pense aussi. Passons maintenant aux dates. Avez-vous entendu parler de M. Manning après le moment où je l'ai vu descendre de la voiture de la Troisième Avenue pour rentrer chez lui ce soir-là ?

« Non, je ne l'ai pas fait. Et nous savons qu'il n'est jamais arrivé chez lui. Ses chambres sont dans une maison de Gramercy Park... »

«C'est pourquoi il est descendu à la vingt-deuxième rue...»

"Oui bien sûr. Il t'a laissé là, n'est-ce pas ?

« Nous sommes tous les deux descendus de la voiture là-bas. Mes propres chambres sont dans la même localité. Mais la bourrasque de neige était un tourbillon au coin de la rue, et mes lunettes étaient tellement couvertes de flocons que je n'ai rien pu voir pendant un instant, et quand j'ai pu, Manning avait disparu de ma vue. Je ne savais pas alors dans quelle direction il vivait, alors j'ai regardé dans les quatre directions mais je ne l'ai pas vu. Cependant, dans la rafale noire, on ne pouvait de toute façon pas voir une demi-douzaine de marches.

"Bien sûr, il se dirigeait vers sa maison, peut-être était-il presque arrivé, quand celui qui l'attendait l'a attaqué."

« Pourquoi es-tu si sûr qu'il a été attaqué ? Il avait peut-être une mission dans une autre direction.

«Je vois en quelque sorte la chose comme une image. Et comme il sortait à ce coin- là , je le vois naturellement rentrer directement chez lui. Il est peu probable qu'il parte faire une autre course et descende pourtant à ce coin-là.

"Non; Je suppose que non."

– Eh bien, puisqu'il n'est jamais rentré chez lui, qu'il n'y est pas encore allé, quelle théorie y a-t-il, sinon qu'on l'a empêché d'y aller ? Il a peut-être été kidnappé, ne souriez pas, cela fait partie des possibilités, ou bien il a peut-être eu un grave accident, il a glissé et s'est cassé la jambe ou quelque chose de ce genre. Mais dans un tel cas, il aurait été transporté à l'hôpital, et j'aurais dû en être informé. Non, M. Brice, il a été enlevé par un ennemi puissant. Je dis puissant, c'est-à-dire plutôt intelligent ou diplomate, car à mon avis, c'est la ruse et non la force qui aurait été utilisée pour enlever Amory Manning. »

"Mais pourquoi l'enlever ?" J'ai pleuré avec étonnement : « Qu'est-ce qu'il est ? Pourquoi est-il une menace ?

« Je ne peux pas vous le dire, M. Brice, à moins que cela ne devienne absolument nécessaire. Mais cela a à voir avec... avec des hommes plus haut placés... et cela n'a rien à voir avec la mort de mon tuteur, j'en suis certain.

« Très bien, Miss Raynor ; Je vous fais confiance, bien sûr, cela va de soi, mais je fais également confiance à votre jugement en réservant votre entière confiance dans cette affaire.

"Vous pouvez. Je vous assure que je vous dirai tout, s'il devient impératif que je le fasse. En attendant, essayons de retrouver sa trace.

« Vous avez essayé les hôpitaux ? »

"Oui; J'ai téléphoné à certains d'entre eux et j'ai demandé à notre médecin de famille de se renseigner auprès d'autres. Il l'a fait, mais avec des résultats négatifs. Maintenant--"

"Maintenant, il est temps d'appeler un détective", dis-je positivement. « Et je ne parle pas d'un simple détective de police, mais d'un enquêteur spécial. Avez-vous des objections à une telle démarche ?

"Non; pas si nous en obtenons un bon. Je ne sais pas grand-chose sur ce genre de choses, mais certains de ces détectives avisés n'ont-ils pas plus de théories et de déductions que de résultats ?

"Vous avez mis le doigt sur un défaut vital du détective Smarty-Cat habituel", ai-je ri. « Mais je connais un homme formidable. Il est excentrique, je l'avoue, mais au-delà de cela, il n'a rien des caractéristiques du détective transcendantal des livres d'histoires. Il est intelligent plutôt que prétentieux et efficace plutôt que spectaculaire. Il *coûte* cher, mais pas plus que ne le justifie son succès.

« Ça sonne bien. Mais d'abord, M. Brice, ne pouvons-nous pas faire une petite enquête par nous-mêmes ? Je l'avais espéré. Engager un détective, c'est rendre toute cette affaire si publique, et j'ai peur de cela.

« Pas nécessairement, Miss Raynor. Si l'homme dont je parle devait prendre en charge l'affaire, il n'en ferait aucune histoire et ne bougerait pas. Et si vous le dites, il peut aussi essayer de retrouver l'homme qui a tué Amos Gately.

« Oh, c'est ce que je veux ! Oui, retenons – ou quelle que soit la procédure, votre détective. Quel est son nom?"

"Ne riez pas, mais c'est Penny Wise !"

"Quoi? Comme c'est ridicule !

« Oui, mais c'est vrai. Pennington Wise figure sur ses cartes de visite, mais aucune nature humaine ne peut s'empêcher de porter ce surnom inévitable.

« Il devrait changer ce nom ! C'est suffisant pour minimiser tout bon travail qu'il pourrait faire !

« Eh bien, il ne le pense pas. En fait, il est tellement habitué à ce que les gens plaisantent à ce sujet qu'il ne sourit que superficiellement et continue de vaquer à ses occupations.

"Voulez-vous lui demander de nous aider?"

" Bien sûr que je le ferai, et s'il n'est pas trop occupé par autre chose, il commencera sans aucun doute immédiatement."

«Je me sens si jeune et inexpérimentée», frémit Olive, «pour décider de ces grandes choses. Il me semble que quelqu'un de plus âgé et de plus sage devrait me diriger. Oh, je sais que j'ai votre aide et vos conseils, mais j'aurais aimé avoir un parent ou un ami proche sur le jugement duquel je pourrais compter. Je suis singulièrement seul au monde, monsieur Brice.

"Vous avez Mme Vail?"

« Mon compagnon ? Elle est charmante comme chaperon et promet d'être des plus agréables et sympathiques dans ma vie de famille, mais elle n'est pas capable de me donner aucun conseil valable dans ces affaires importantes.

"Vous êtes en effet seule, Miss Raynor, mais vous êtes incroyablement capable pour une jeune femme et vous me surprenez continuellement par votre compréhension de la situation et votre capacité à répondre à ses exigences."

"Si seulement j'avais Amory Manning pour m'aider."

Pauvre enfant, je savais que c'était là le fond de sa solitude, et même si je n'avais pas la prétention de sympathiser, je me sentais privilégié de l'assurer de mon aide personnelle ainsi que de mon accomplissement intéressé de mes devoirs juridiques.

«Eh bien, M. Brice», répondit-elle, «il y a une chose que je veux que vous fassiez pour moi. Je veux que tu ailles à la morgue. Je ne peux pas me résoudre à le faire et je ne veux pas non plus demander à quelqu'un d'autre que je connais de le faire.

"Certainement", répondis-je, traitant instinctivement la question avec désinvolture, car je vis qu'elle était profondément émue. « Ce ne sera qu'une forme, mais il vaut mieux avoir le sentiment que nous avons fait toutes les enquêtes possibles et que nous n'avons rien négligé. J'y vais tout de suite, maintenant, si vous le dites.

Elle parut satisfaite de ma prompte obéissance et me pressa de partir immédiatement.

« Revenez ce soir et faites votre rapport », dit-elle, puis, avec un de ces brusques changements d'attitude qui, je commençais à comprendre qu'ils étaient caractéristiques d'elle, elle me souhaita le bonjour d'un ton rapide et sec et me renvoya pratiquement. .

J'ai commencé ma petite course avec suffisamment de matière à réflexion pour mettre mon cerveau dans un tourbillon. J'étais maintenant profondément dans le sujet et j'étais tout à fait convaincu qu'il en soit ainsi. J'étais l'avocat et le conseiller de Miss Raynor et j'étais déterminé à faire de mon mieux pour mériter et justifier son choix. Jusqu'alors obscur, je devrais désormais susciter l'admiration des membres de ma profession avec envie — et, sans doute, avec critique. Cette dernière, je voulais y prendre garde, devrait être favorable.

y regardant, j'avais trois missions distinctes. Premièrement, organiser et régler toutes les affaires financières de Miss Raynor. Deuxièmement, pour l'aider à retrouver le meurtrier d'Amos Gately. Troisièmement, pour l'aider à retrouver ou à connaître le sort d'Amory Manning.

La première était ma seule charge personnelle. Les deux autres devaient être accomplis par Wise, et pour ma part j'étais sûr qu'il réussirait.

Ma visite à la morgue, comme je l'avais deviné, n'a apporté aucun résultat. Les pauvres malheureux dont la dépouille mortelle avait été amenée là pendant ou depuis mercredi, le jour de la disparition de Manning, ne pouvaient en aucun cas ressembler à Amory Manning.

Même si je ne l'avais jamais vu jusqu'à ce jour, j'avais une image très vivante de cet homme, de grande taille, bien bâti, et avec un air général de force et de puissance. J'avais observé son visage alors que nous nous tenions dans le tramway bondé, trop éloignés l'un de l'autre pour discuter, mais bien en vue l'un de l'autre.

Son visage était fort et érudit, ce dernier effet étant rehaussé par ses énormes lunettes à monture d'écaille, et il avait des cheveux noirs épais et plutôt rêches. Également une barbe sombre de Vandyke et une petite moustache, toutes deux soigneusement taillées.

"Non", dis-je au gardien de la morgue, "l'homme que je cherche n'est pas là."

J'ai continué en lui parlant de Manning, au cas où il aurait quelque chose à me dire. Mais il dit seulement, brièvement :

« Vous n'êtes pas le premier, monsieur. La police a cherché ici M. Manning et d'autres l'ont fait à côté.

Donc la police était devant moi ! Eh bien, cela n'a fait que renforcer la certitude que ce que nous cherchions n'était pas là.

« Il y avait un autre type, mais ce n'était pas non plus M. Manning », a confirmé mon informateur. « Quoi qu'il en soit, la police est allée le voir. Tu veux y aller ?

"Que veux-tu dire?"

«Eh bien, ce même après-midi, il y a eu un cadavre ramassé dans l'East River, gelé. Au moins, nous pensions qu'il était un cadavre, mais nous lui reprochions s'il ne revenait pas à la vie ! »

Cela ne m'intéressait pas beaucoup, car si le cadavre avait été retiré de la rivière cet après-midi-là, il ne pouvait pas s'agir de Manning. Mais le gardien de la morgue poursuivit : « Vous pourriez y jeter un œil, monsieur, pour voir si vous le connaissez. Car le pauvre garçon a perdu la tête, non, pas ça, mais il a perdu la mémoire, et il ne sait pas qui il est !

"Amnésie?" J'ai demandé.

« C'est comme ça qu'ils appellent ça, et autre chose aussi. Aspasia, ou quoi que ce soit.

«Aphasie», le corrigeai-je sans sourire, car comment pourrait-il savoir quoi que ce soit sur ce qui était un mystère pour la plupart des médecins compétents. "Où est-il?"

« Ils l'ont transporté à Bellevue dès qu'ils ont vu qu'il était vivant. C'était un travail délicat pour le *garder* en vie, j'ai entendu dire, et sa mémoire est complètement détruite. Ce serait une aubaine pour lui si vous pouviez l'identifier. Je demande à tout le monde de tenter sa chance. D'une manière ou d'une autre, je suis désolé pour lui.

Cela ne m'intéressait pas spécialement, mais étant ainsi sollicité dans l'intérêt de l'humanité, je me rendis à l'hôpital et n'eus aucune difficulté à apercevoir le patient en question. En fait, les médecins étaient très soucieux que les visiteurs le voient, espérant que quelqu'un puisse identifier l'homme.

Mon premier regard m'a convaincu que ce n'était pas Amory Manning, même si je ne l'avais pas pensé.

Cet homme avait des cheveux fins et clairs et des yeux vides et faibles. Il était rasé et sa voix était particulière, une voix suffisante pour identifier quelqu'un, j'en étais sûr, mais ce n'était pas une voix que j'avais entendue auparavant.

Non; Je ne le connaissais pas et un examen attentif m'a permis de conclure que non.

Mais c'était un cas regrettable. Apparemment , l'homme était de bonne éducation et habitué à un environnement cultivé. De plus, il avait un sens de l'humour qui ne l'avait pas abandonné, ainsi que sa mémoire.

Je m'assis à son chevet et restai un peu plus longtemps que je ne l'avais prévu, car je m'intéressais à son histoire et le temps s'écoulait.

« Vous voyez, dit-il en me fixant de ses yeux bizarres, je suis tombé à travers la terre.

"Tu quoi?"

"Je l'ai fait. Je suis tombé à travers la terre, et ce fut une très longue chute.

"Eh bien, oui, huit mille milles, me dit-on."

"Oh, non," et il était presque mesquin, "je ne suis pas tombé au milieu de ça."

"Oh," et je me suis arrêté pour davantage d'illumination.

«C'était comme ça. Je m'en souviens parfaitement, tu sais. J'étais quelque part, quelque part dans le Nord...

"Canada?"

"Je ne sais pas, je ne sais pas." Il secoua la tête, incertain. "Mais je sais que c'était dans le Nord, où il fait toujours froid."

Peut-être que l'homme était un explorateur de l'Arctique.

"Islande?" J'ai dit : « Le Groenland ?

"Peut-être", et il ne parut pas intéressé. "Mais," ici il s'éclaira un peu, "de toute façon, je suis tombé à travers la terre. Je suis tombé là *-dedans* , où que ce soit, et je suis descendu à travers la terre jusqu'à ce que je ressorte à l'autre bout.

« Vous voulez dire que vous êtes tombé à travers une section ou un segment du globe ? Comme si, disons, vous tombiez à Londres et ressortiez au Cap de Bonne-Espérance ! »

"C'est l'idée! Seulement, je me suis brouillé *ici* à New York.

"Et tu es tombé dedans ?"

"C'est ce dont je ne me souviens pas, seulement c'était" tout au nord, quelque part.

« Si vous aviez une carte maintenant et si vous regardiez tous les pays du Nord, elle pourrait vous rappeler l' endroit où vous êtes entré, l'endroit où vous avez commencé votre voyage.

« C'est ce que je pensais, mais l'infirmière m'a apporté un atlas et je n'ai pas trouvé l'endroit. J'aurais aimé avoir un globe.

Pauvre gars. Je me demandais ce qui lui avait donné cette étrange hallucination. Mais au fur et à mesure qu'il parlait, je me suis intéressé à sa propre personnalité.

Il était aussi sain d'esprit que moi à tous égards, à l'exception de son insistance sur le fait qu'il était tombé à travers la terre.

Quand j'étais enfant, une de mes ambitions était de creuser jusqu'en Chine, et c'est à plusieurs reprises que je me suis lancé dans cette tâche. Peut-être que son enfance avait connu une ambition similaire, et maintenant, sa mémoire disparue, son esprit déformé rappelait cette idée. J'ai changé de sujet et je l'ai trouvé remarquablement bien informé, assez instruit et d'un tempérament curieusement analytique, mais il n'avait aucune connaissance de son identité ni de sa personnalité.

Il appréciait cela, et cela rendait la chose encore plus pathétique.

« Cela me reviendra », dit-il joyeusement. "Les médecins ont tout expliqué sur cette amnésie aphasique, et même si mon cas est le pire qu'ils aient jamais vu, cela disparaîtra avec le temps, je retrouverai la mémoire et je saurai qui je suis."

« Vous pouvez raisonner et comprendre tout ce qu'on vous dit ? »

"Oh oui; Je suis mon propre homme à tous égards, sauf dans la connaissance de qui ou de ce que j'étais avant ce voyage à travers la terre.

« Alors, » j'ai fait preuve de bon sens, « alors, si vous pouvez raisonner, vous devez savoir que vous n'êtes pas tombé à travers la terre. Ce serait impossible.

"Je sais que. Ma raison me dit que c'est impossible. Mais tout ce que je sais, c'est que je l'ai fait.

« Par un long trou, long de plusieurs kilomètres ? »

"Oui."

« Qui a creusé le trou ? »

«C'était là tout le temps. Je suppose que c'est la nature qui l'a fait.

"Oh, une sorte de fissure rocheuse..."

"Non; c'est plutôt une mine,… une… »

« Ça y est, mon vieux ! Vous étiez mineur, et il y a eu un effondrement, et cela a gâché votre réflexion – temporairement.

« Mais une mine n'a pas de sortie au fond. Je vous le dis, j'étais loin de l'endroit où je suis tombé, et j'ai parcouru des kilomètres tout droit à travers la terre solide… »

« Pourriez-vous voir clairement ?

"Oh, non, il faisait noir, comment pourrait-il en être autrement, à l'intérieur de la terre ?"

Il était inutile de l'en dissuader. Nous avons discuté pendant un certain temps et, en dehors de son hallucination, il était vif et vif d'esprit. Mais peu importe ce qui lui donnait l'idée de son étrange aventure, il y croyait profondément et rien ne pouvait ébranler cette croyance.

"Qu'est-ce que tu vas faire quand tu sortiras d'ici?" Je lui ai demandé.

« Je ne sais pas, j'en suis sûr. Mais je ne peux m'empêcher de penser que le monde me doit ma vie, surtout après avoir traversé cette épreuve ! »

J'ai ri, car son humour était contagieux, et j'étais presque sûr qu'il réussirait d'une manière ou d'une autre. Il avait environ trente ans, à mon avis, et bien qu'il ne soit pas un homme musclé, il semblait doté d'une force nerveuse.

Les médecins, m'a-t-il dit, lui ont assuré qu'il retrouverait rapidement la santé, mais ne donneraient aucune promesse précise quant au retour de sa mémoire.

« Alors, » dit-il joyeusement, « je vais m'en passer et repartir à zéro. Eh bien, je n'ai même pas de nom !

« Vous pouvez en acquérir un à peu de frais », lui ai-je conseillé.

"Oui; J'en fais partie maintenant. Je prendrai Rivers comme nom de famille, parce qu'ils m'ont retiré de l'East River, disent-ils.

« Comment étais-tu habillé ? »

« Dans le costume d'Adam, me dit-on. Je regrette la perte d'un vêtement complet , d'autant plus qu'il aurait pu prouver mon identité.

« Tu veux dire que tu étais entièrement dépouillé de tes vêtements ? »

« À l'exception de quelques chiffons de sous-vêtements, totalement sans valeur comme indices de ce qui était sans doute une personnalité illustre !

Cependant, j'ai la chance d'avoir encore du souffle dans mon corps, et quand je retrouverai la mémoire, je prouverai que je suis vraiment tombé à travers la terre, et je découvrirai où je suis tombé.

«J'espère sincèrement que vous le ferez, mon vieux», et j'ai serré la main en me levant pour partir. « Comme le dit la pièce : 'Vous m'intéressez étrangement !' Puis-je revenir vous voir ?

"J'aimerais que vous le fassiez, M. Brice, et d'ici là, je m'aurai choisi un prénom."

CHAPITRE IX

L'homme à Boston

Je n'ai pas pu réprimer un sentiment d'exaltation lorsque j'ai de nouveau sonné à la porte de la maison d'Olive Raynor ce soir-là. Je commençais presque à ressentir un intérêt propriétaire dans le manoir, car j'étais désormais pratiquement le conseiller juridique de sa nouvelle maîtresse. Et être reçu comme un visiteur privilégié, voire bienvenu, était une source de satisfaction pour ma fierté et mon estime de moi-même.

Mme Vail était présente à notre entretien cette fois-ci, et ma première vue d'elle m'a donné une impression très favorable. Dame d'apparence distinguée, légèrement au-delà de la cinquantaine, elle avait une allure aristocratique et des manières aimables et agréables. Peut-être qu'un peu de condescendance se mêlait à son accueil courtois à mon égard, mais j'attribuais cela à sa récente acquisition d'une position importante. Aucun trait de ce genre n'était visible dans la salutation simple et sincère de Miss Raynor, et comme Olive s'enquérait avec impatience du résultat de ma quête de l'après-midi, je lui racontai immédiatement mon histoire.

Elle fut grandement soulagée qu'aucune trace d'Amory Manning n'ait été trouvée dans les archives de la morgue et, même si elle fit preuve de sympathie lorsque je lui racontai le cas étrange de l'homme tombé à travers la terre, cela n'attira que momentanément son attention préoccupée.

Elle s'est d'abord assurée que cet homme ne pouvait en aucun cas être Manning, puis elle a tourné ses pensées vers son thème captivant.

« Je suis désolée pour lui », a-t-elle déclaré en décrivant son caractère enjoué et sa personnalité plutôt gagnante, « et si je peux faire quelque chose pour l'aider, je le ferai. Veut-il un poste quelconque lorsqu'il sera suffisamment bien pour en prendre un ?

«Je suppose qu'il le fera», répondis-je; "C'est un type vivant, et bien sûr, il gagnera sa vie d'une manière ou d'une autre."

"Et il pourrait bientôt retrouver la mémoire", commença Mme Vail. « J'ai connu un jour un homme qui souffrait d'amnésie et d'aphasie, et il lui a fallu six mois avant de s'en remettre. Mais quand sa mémoire est revenue, c'est venu d'un seul coup, comme un éclair, et puis tout s'est bien passé.

« Dans ce cas, dis-je, les médecins veulent trouver quelqu'un qui connaît l'homme. Il ne devrait pas être difficile de retrouver ses amis ou quelqu'un qui puisse l'identifier. Eh bien, c'est cette voix particulière qui devrait le faire.

"Imitez-le", a ordonné Mme Vail, et du mieux que j'ai pu, j'ai parlé sur le ton monotone de la victime amnésique.

Olivier rit. "Je n'ai jamais entendu quelqu'un parler comme ça", a-t-elle déclaré. "C'est absolument ininfléchi."

« Oui, c'est exactement ce que c'était. Il n'avait aucune inflexion ni nuance dans ses tons.

"Une voix est tellement individuelle", a poursuivi Olive. « La voix d'Amory Manning est pleine et musicale ; Je lui ai souvent dit qu'il transmettait autant de sens par son ton que par ses mots.

"J'ai connu un jour un homme", a déclaré Mme Vail, "qui pouvait réciter l'alphabet de manière si dramatique qu'il faisait rire, pleurer ou frissonner son auditoire, rien qu'à cause de son ton."

"Oui, j'ai entendu cela sur la scène du vaudeville", a déclaré Olive. « Maintenant, M. Brice, quelle sera notre prochaine étape ? Cela ne me dérange pas d'avouer que je suis soulagé que votre course d'aujourd'hui soit terminée. Notre médecin m'a dit qu'il n'y avait aucune chance que M. Manning soit tué ou blessé, sans que nous en soyons informés d'une manière ou d'une autre. Mais j'en ai été nerveusement troublé, et des nuits j'ai rêvé de le voir quelque part, seul et impuissant, et incapable de me le faire savoir...

"Peut-être qu'il l'est", a déclaré Mme Vail; «J'ai connu un homme une fois…»

Mais Olive coupa court au récit de cette connaissance de son amie et s'en tint à l'affaire en cours.

« Je ne vois rien de mieux à faire, dis-je, que de faire de la publicité. Mais pourquoi les autres ne font-ils pas cela ? Qui sont les amis de M. Manning ? Qui sont ses hommes d'affaires ? Pourquoi restent-ils silencieux ?

"Je ne sais pas si c'est le cas", répondit Olive; « mais à vrai dire, je ne connais pas grand-chose des affaires de M. Manning, du point de vue commercial. Je sais qu'il est ingénieur civil, mais c'est à peu près tout. Il est également ingénieur-conseil. Quant à son peuple, je ne connais que sa sœur, et elle non plus ne sait que faire. Depuis, j'ai vu Mme Russell deux fois et nous ne pouvons que sympathiser l'un avec l'autre.

"Qui est M. Russell?"

"Son mari? Il est en France et elle est seule avec ses deux petites filles. Elle et Amory sont dévoués l'un à l'autre, et il lui a été d'une telle aide et d'un tel réconfort en l'absence de son mari. Maintenant, elle ne sait plus vers où se tourner.

«Je dois vérifier ces choses», dis-je; « Je dois parler avec les associés de M. Manning, — sans aucun doute Mme Russell pourra m'en parler.

"Oh oui bien sûr. Allez la voir, et elle sera trop contente de vous voir.

« Et quant à un détective ? Dois-je contacter Wise ?

« Oui, je le pense. Cela me semble tellement bizarre de décider de ces choses-là ! Je n'arrive pas à m'habituer au fait que je suis mon propre tuteur !

"Tu es majeure, Olive," et Mme Vail sourit.

« Oh, oui, et j'ai le contrôle total de mon argent depuis un certain temps. Mais oncle décidait toujours de toutes les questions importantes, même si, Dieu sait, il n'y en a jamais eu de telles à décider que celles qui nous assaillent maintenant ! Pensez à mon engagement avec un détective ! »

« Mais Wise est si intéressant et si adaptable que vous l'aimerez vraiment. Je lui demanderai de m'appeler ici un après-midi ou un soir et vous pourrez faire connaissance.

«J'aimerais le rencontrer», dit Mme Vail; « J'ai connu un homme qui voulait devenir détective, mais il est mort. Je n'ai jamais vu de vrai détective.

"Pennington Wise en est un vrai, d'accord", ai-je déclaré. « Bien sûr, Miss Raynor, je dirai à la police que vous employez un détective privé, car je ne pense pas que ce soit une bonne idée de le faire en secret. Il n'est jamais sage de contrarier la police ; ils font tout ce qu'ils peuvent, malgré les préjugés populaires contraires.

"Très bien, M. Brice", et Olive m'a lancé un regard confiant. « Je me fiche de ce que vous faites, du moment que vous y prêtez attention. Je ne veux plus revoir ces horribles policiers.

Je me suis dit qu'elle pourrait être obligée de le faire, à moins que Penny Wise ne trouve un autre moyen de les faire paraître. Mais je ne le lui ai pas dit, car rien n'a suscité sa colère comme le soupçon de suspicion dirigé contre elle-même dans l'affaire du meurtre d'Amos Gately.

"Comment osent-ils!" s'exclama-t-elle, les yeux assez brillants de colère ; "Rêver que moi, Olive Raynor, pourrais... eh bien, c'est impossible de l'exprimer avec des mots !"

Cela semblait être le cas. À voir cette charmante et délicate fille, — l'idéal même de tout ce qu'il y a de meilleur et de plus doux dans la nature humaine — il était impossible de prononcer le mot *meurtre* dans le même souffle !

Je quittai la maison une fois ma visite terminée, déterminé à retrouver l' assassin, - avec l'aide de Penny Wise, - et ainsi blanchir le nom d'Olive de la moindre souillure des vilains soupçons maintenant détenus par la police.

Le lendemain matin, dans mon bureau, j'ai raconté à Norah tous les développements de dimanche.

La jeune fille au cœur chaleureux était profondément intéressée et désireuse que je communique immédiatement avec Wise. Dans ce but, elle glissa une nouvelle feuille de papier dans sa machine à écrire et attendit que je dicte une lettre au détective.

"Attends une minute, Norah," ris-je; "donnez-moi le temps d'ouvrir mon bureau!"

Mais j'envoyai la lettre le matin même et j'attendais la réponse avec autant d'impatience que Norah elle-même.

Et puis je suis descendu au quartier général de la police.

Là, une surprise m'a été faite. Le chef avait reçu une lettre qui semblait avoir une incidence décisive sur le mystère du meurtre. Il me l'a remis sans commentaire, et j'ai lu ceci :

Au quartier général de la police ;

    La ville de New York;

Messieurs :

Mercredi après-midi dernier, j'étais à New York et je me trouvais dans le bâtiment de la Puritan Trust Company. J'ai eu l'occasion de régler quelques affaires au dixième étage, et ensuite, en attendant que l'ascenseur me fasse descendre, j'ai vu un pistolet posé sur le sol du couloir près de l'ascenseur. Je l'ai ramassé et je l'ai mis dans ma poche, indécis, pour le moment, si je devais le considérer comme une « trouvaille-garde » (car c'était un objet de première classe !) ou si je devais le rendre au bureau du commissaire. En fait, lorsque j'ai atteint le rez- de-chaussée , j'ai tout oublié et je ne m'en suis pas souvenu jusqu'à mon retour à Boston. Et puis, j'ai lu dans les journaux le récit du meurtre commis dans ce même immeuble, le même après-midi, et j'ai vu qu'il était de mon devoir de rendre le pistolet et de vous faire part de ces faits. Mais hélas pour la nature humaine dilatoire ! J'ai tergiversé (sans le vouloir) jusqu'à aujourd'hui, et maintenant j'envoie ce mot tardif, avec mes excuses pour mon retard. Le pistolet est en sécurité en ma possession et je le conserverai en attendant vos conseils. Dois-je vous l'envoyer , et comment ? Ou dois-je le remettre à la police de Boston ? Ma connaissance de toute l'affaire commence et se termine avec la découverte du pistolet, qui après tout n'a peut-être rien à voir avec le crime. Mais je l'ai trouvé à trois heures, ou quelques minutes après, si cela vous intéresse. Je serai ici, en Touraine, pendant encore une semaine, et je me permettrai volontiers d'être interviewé à votre convenance, mais, comme je l'ai dit, je n'ai pas d'autres informations à donner que celles que j'ai exposées ici.

Sincèrement votre, NICOLAS LUSK .

La lettre était datée de Boston, samedi soir, deux jours auparavant. En vérité, l'Ami Lusk avait retardé sa déclaration, mais comme il l'a dit, c'était la nature humaine, dans des domaines qui ne sont pas importants pour soi.

Le chef était furieux du retard de l'information et avait déjà envoyé un messager pour récupérer l'arme et interroger l'homme de Boston.

« À première vue, tout est clair », a déclaré le chef Martin ; « Seul un imbécile honnête et joyeux écrirait ainsi ! Il prend un pistolet, oublie tout, et puis, quand il apprend que c'est une preuve, ou peut-être, il attend tranquillement quarante-huit heures avant de parler !

"Est-ce *le* pistolet?" Ai-je demandé doucement.

"Comment puis-je savoir?" » grogna Martin. « C'est probablement le cas. Je ne suppose pas qu'une demi-douzaine de personnes ont semé des pistolets autour de ce bâtiment à seulement trois heures mercredi après-midi !

"Comment l'intégrez-vous?"

« Eh bien, par ici , si vous voulez savoir. Mademoiselle, enfin, celui qui *a* tiré, s'est enfui de la troisième pièce, comme Jenny l'a décrit, et a couru en bas, peu importe que ce soit jusqu'au bout ou non, mais au moins jusqu'à la dixième pièce. - deux étages plus bas, et là j'ai laissé tomber le pistolet, soit par accident, soit à dessein, et j'ai commencé à descendre, comme je l'ai dit, soit par les escaliers, soit en prenant un ascenseur à un étage intermédiaire. Maintenant, nous voulons ce pistolet. Bien sûr, cela ne peut incriminer personne, et pourtant, il y a beaucoup d'individualité dans les armes à feu !

« Dans les romans policiers, les initiales du propriétaire figurent sur tous les pistolets bien menés », remarquai-je avec désinvolture.

« Mais pas dans la vraie vie. Il y a bien sûr un numéro sur eux, mais cela aide rarement. Et pourtant, j'ai le pressentiment que ce pistolet va raconter sa propre histoire, et mes doigts me démangent de le saisir !

"Quand l'attendez-vous?"

« J'ai envoyé le jeune Scanlon à sa recherche. Il est sous tension, et il reviendra bientôt si n'importe qui peut le faire. Regardez ici, c'est comme ça que je le dope. Si c'est une femme qui tirait , elle serait plus susceptible de jeter un pistolet, ou de le laisser tomber involontairement, par exemple, dans sa nervosité, mais un homme... nixy !

J'avais prévu cela. Et cette affirmation était, d'une certaine manière, vraie. Un homme qui a commis un meurtre ne lâche pas son pistolet, à moins, et j'ai confié cette pensée à Martin, qu'il veuille jeter les soupçons sur quelqu'un d'autre.

« Rien à faire », fut sa réponse sèche. "Personne à cet étage ne peut être soupçonné, sauf que c'est Rodman, et il y a peu de chances qu'il soit le cas."

"Rodman!" J'ai pleuré; "Eh bien, il est monté dans l'ascenseur au septième étage, juste après la fusillade."

"Il a fait!" le chef se redressa ; "Comment savez-vous?"

"Le vit. Je descendais ... dans l'ascenseur de Minny , vous savez,... pour chercher Jenny... »

"Quand était-ce?"

« Environ dix minutes après la fusillade — et bien sûr, je suis monté au douzième étage, et il n'y avait aucun autre passager au début, alors j'ai parlé à Minny . Mais au septième, Rodman s'est mis en route et nous avons donc arrêté de parler.

« Son bureau est le dix », songea Martin ; " Je suppose ... juste que je suppose qu'il... euh... qu'il était impliqué, et qu'il est ensuite descendu en courant jusqu'à son propre étage, vous savez, et puis, plus tard, il a marché jusqu'à sept heures et a pris une voiture. là--"

"Laissant volontairement son pistolet sur son propre étage !"

« Merde, non ! Je l'ai laissé tomber accidentellement.

« Mais vous avez dit que les criminels de sexe masculin ne faisaient pas ça ! »

« Oh, pshaw ! Je dis beaucoup de choses, et vous le feriez aussi si cela vous dérangeait autant que moi !

"C'est vrai, chef," acquiesçai-je, "et il y a certainement quelque chose à examiner , devrais-je dire, sans attendre un rapport de Boston."

« Vous pariez que oui ! Je vais envoyer Hudson là-haut. C'est un aussi bon détective que nous, et il traitera l'affaire Rodman de la manière juste et appropriée. S'il n'y a rien à découvrir, Rodman ne saura jamais qu'il a regardé.

Hudson fut dûment dépêché et je retournai au Puritan Building. C'était bizarre, mais Rodman était dans mon esprit depuis le début , et pourtant, je n'avais aucune vraie raison de le penser impliqué. Je ne savais pas s'il connaissait M. Gately ou non, mais moi aussi, j'avais confiance dans la discrétion de Foxy Jim Hudson, et j'étais quasiment certain qu'il découvrirait quelque chose, si quelque chose valait la peine d'être découvert.

Et il y avait!

Rodman, par chance, était sorti et ses bureaux verrouillés. Hudson persuada doucement les serrures de lâcher prise et, comme il me laissa partir avec lui, nous entrâmes.

La première chose qui m'a frappé aux yeux, c'est une grande carte de guerre accrochée au mur. De plus, bien qu'il ne s'agisse pas d'un double de la carte de M. Gately, elle était similaire et accrochée dans une position similaire. Autrement dit, comme les bureaux de Rodman se trouvaient directement sous ceux du président de la banque, deux étages plus bas, les pièces correspondaient, et dans la « troisième pièce », comme nous l'appelions dans le cas de M. Gately, Rodman avait également accroché sa carte.

Il n'y avait qu'une seule conclusion, et Hudson et moi y sommes immédiatement arrivés.

Ensemble, nous avons écarté la carte et, bien sûr, il y avait une porte exactement comme celle de la chambre de M. Gately, une petite porte affleurante, généralement cachée par la carte.

« À l'ascenseur secret, bien sûr », murmurai-je à Hudson, car les murs ont des oreilles, et ces murs étaient étranges à bien des égards.

"Bon sang, ça l'est!" il est retourné; "Ouvrons-la!"

Il força la porte à s'ouvrir et s'assura qu'elle menait bien à la cage d'ascenseur privée et qu'il y avait les boutons nécessaires pour la faire arrêter, s'ils étaient correctement utilisés. Mais maintenant, la voiture étant au rez-de-chaussée, où elle se trouvait depuis le jour du meurtre, bien sûr, les boutons ne pouvaient plus être manipulés.

"Maintenant," dit Hudson, les sourcils froncés, "pour voir où d'autre ce piège fleuri les laisse aller ! Il se passe quelque chose de très bizarre et nous n'avons pas encore compris !

Il ferma soigneusement la porte, réajusta le plan, et s'assurant que nous n'avions laissé aucune trace de notre visite, il me fit signe de sortir et nous partîmes.

Il m'a demandé de retourner à mon bureau et m'a promis de m'y voir plus tard.

À son retour, il m'a dit qu'il avait visité tous les autres bureaux du bâtiment par lesquels descendait la cage d'ascenseur et qu'il n'y avait dans aucun autre cas une ouverture dans la cage.

« Ce qui prouve », résuma-t-il, « que M. Gately et M. Rodman étaient en quelque sorte de mèche, sinon pourquoi Rodman aurait-il accès à cet ascenseur secret ? Réponds-moi à ça !

Il y avait plusieurs réponses possibles. Rodman aurait peut-être pris ses bureaux après la construction de l'ascenseur et ne l'aurait peut-être jamais utilisé du tout. Sa carte aurait pu être accrochée dessus simplement pour couvrir la porte inutile.

Ou encore, Rodman aurait pu être un ami personnel de M. Gately et utiliser la petite voiture pour des visites informelles.

Encore une fois, même si je me détestais à cette pensée, M. Gately aurait pu avoir des invités qu'il ne souhaitait pas voir entrer dans ses chambres, et il aurait pu avoir un accord avec Rodman selon lequel les visiteurs pourraient entrer et sortir par ses chambres et prendre l'ascenseur privé entre le dixième et le douzième étage. .

Je me méfiais de Rodman ; sans aucune raison précise, mais je me méfiais quand même de lui et j'ai souvent trouvé mes intuitions concernant les étrangers presque exactes.

Il n'était cependant pas nécessaire de répondre à la question de Foxy Jim, car il y répondait lui-même.

« Il y a quelque chose à propos de M. Gately, dit-il sérieusement, presque solennellement, qui n'a pas encore été révélé, mais cela ne manquera pas de se révéler. Oui, monsieur, c'est inévitable ! Et c'est en route. Maintenant, si nous pouvons relier ce pistolet Boston à M. George Rodman, tant mieux ; si nous n'y parvenons pas, Rodman devra passer au grill de toute façon. Il est là pour de bon — cette porte d'ascenseur n'est pas facile à expliquer.

"Est-ce que M. Rodman," c'était Norah qui parlait, et comme auparavant, Hudson se tourna vers elle presque dans l'expectative - il semblait dépendre d'elle pour ses suggestions, ou du moins, il les écoutait toujours - " Je me demande, M. Brice. ", continua-t-elle lentement," M. Rodman ressemble-t-il du tout à la silhouette que vous avez vue dans l'ombre ?

J'y ai repensé.

«Oui», dis-je résolument, «il le fait! Attends, Hudson, ce n'est qu'un souvenir, tu sais, et je peux facilement me tromper. Mais il me semble que je me souviens d'une réelle ressemblance entre cette tête ombragée et la tête de George Rodman.

"Cela vaut la peine d'expérimenter", répondit le détective rusé, et fort de sa décision, il attendit dans mon bureau jusqu'à ce que George Rodman revienne dans le sien.

Je ne savais pas, à l'époque, quel argument Hudson avait utilisé pour convaincre Rodman de le faire, mais son côté rusé a prévalu et, obéissant aux ordres, je me suis retrouvé à regarder l'ombre de la tête de George Rodman sur la porte vitrée d'Amos Gately, alors qu'Hudson engageait son combat. suspect dans une conversation animée.

Bien sûr, la scène du crime n'a pas été reconstituée, il y avait simplement l'image des deux hommes dans l'ombre, mais Hudson a réussi à faire en sorte que Rodman soit visiblement observé dans diverses positions et postures.

Et une fois que ce fut fini, et qu'Hudson, de retour dans mon bureau, me demanda mon verdict, je fus obligé de dire :

"M. Hudson, si ce n'est pas l'homme que j'ai vu se disputer avec M. Gately, c'est bien son homologue exact ! S'il s'agissait d'une occasion moins grave, je n'hésiterais pas à jurer que c'est le même homme.

« Cela suffit, M. Brice », et Foxy Jim Hudson retourna au quartier général avec son rapport.

CHAPITRE X

Penny Wise et Zizi

C'est donc à ce stade des affaires que Pennington Wise entra dans le jeu. Il accepta volontiers de se charger de l'affaire, car le mystère de l'affaire lui plaisait fortement et, par un coup de chance, il ne s'engagea pas autrement.

Il avait promis de passer chez Miss Raynor, et comme elle m'avait demandé d'être présent également, j'y suis monté, arrivant à la maison avant Wise.

"Comment est-il?" Olive m'a demandé.

"Un type plutôt beau, sans être beau", lui dis-je. "Vous apprécierez sa personnalité, j'en suis sûr, qu'il nous aide ou non à sortir de nos ennuis."

«Je me fiche de sa personnalité», répondit-elle, «mais je veux qu'il résolve nos deux mystères. Je suppose que vous penserez que je suis affreux, mais je préférerais que M. Wise trouve Amory Manning pour moi plutôt que de découvrir le meurtrier de l'oncle Amos.

« Je ne vous en veux pas du tout. Bien sûr, nous voulons retrouver le criminel, mais plus encore, moi aussi, je veux retrouver M. Manning pour vous.

"Et, de toute façon, je suppose que la police pense maintenant que c'est M. Rodman qui l'a fait."

« Ils ne vont pas jusqu'à dire cela, mais ils recherchent des preuves et ils ont mis la main sur des informations assez préjudiciables. Il semble que Rodman ait été mêlé à certains actes répréhensibles, et il semble que M. Gately y soit lié d'une manière ou d'une autre , du moins dans une certaine mesure.

"Si c'était le cas, alors il ne savait pas que c'était mal." Olive parlait avec une profonde conviction et je n'essayais pas de la désabuser.

Et puis Pennington Wise a été annoncé.

Lorsqu'il entra dans la pièce, son attitude ne montrait aucune trace de gêne et, comme je l'avais prévu, Olive fut très satisfaite de son premier aperçu de lui. Mais à sa grande surprise, et à la mienne aussi, il était accompagné, ou plutôt suivi, par une jeune femme, une simple petite fille, qui s'arrêta et resta tranquillement à côté.

Alors qu'Olive lui souriait d'un air interrogateur, Wise dit :

« C'est Zizi. Elle fait partie de mon attirail de travail et elle se contente de s'asseoir et d'écouter pendant que nous parlons.

La fille était fascinante à regarder. De petite taille, elle avait une souplesse souple qui faisait de chacun de ses mouvements un geste de grâce, et son joli sourire était reconnaissant et réactif. Elle avait des cheveux noirs et des yeux très noirs, qui pétillaient et dansaient lorsqu'elle observait son environnement. Mais elle ne dit pas un mot, ne reconnaissant sa brève introduction que par un léger salut, et acceptant la chaise que lui offrait Olive, elle s'assit tranquillement, ses petites mains gantées posées sur ses genoux.

Elle portait un costume noir avec un bel ensemble de fourrures de renard noir. Détachant le col de fourrure, elle révéla un chemisier noir en tissu doux et fin qui tombait de sa fine gorge blanche comme il se devait.

Ses manières étaient correctes dans tous les détails, et elle resta assise dans un silence sans gêne pendant que Wise commençait à parler.

« Je sais tout ce qui a été publié dans les journaux, dit-il un peu brusquement. Maintenant, j'aimerais que vous me disiez le reste. Je ne peux m'empêcher de penser qu'il doit y avoir plus de preuves ou d'indices que ce qui a été rendu public. Tout d'abord, pensez *-vous* que M. Rodman soit le coupable ? »

Il s'adressait principalement à Olive, tout en m'incluant dans son regard interrogateur.

"Je suis sûr que je ne sais pas," répondit Olive; «Je ne croirai cependant pas qu'Amos Gately ait été impliqué dans quelque mal que ce soit. Son honneur et son intégrité étaient du plus haut type, je le connaissais assez intimement pour le certifier.

« De quel genre d'actes répréhensibles ce Rodman est-il accusé ? » » demanda Sage.

"Personne ne semble vouloir dire ça", répondis-je alors qu'Olive secouait la tête. « J'ai interrogé la police, et elle refuse de révéler de quoi elle le soupçonne. Mais je pense que c'est quelque chose d'assez sérieux, et ils le traquent aussi vite que possible.

"Vous voyez", a ajouté Olive, "si M. Rodman est un homme si mauvais, il a peut-être trompé M. Gately et lui a fait croire que quelque chose allait bien alors que tout n'allait pas."

" Bien sûr qu'il pourrait le faire", a déclaré Wise avec sympathie. « Est-ce que des gens sont venus ici à la maison pour voir M. Gately pour affaires ? »

"Non; jamais. Mon oncle recevait peu de visiteurs, mais c'étaient toujours juste ses amis, pas des visiteurs professionnels.

« Alors la majeure partie de nos recherches doivent se dérouler dans ses bureaux. Vous n'y avez rien remarqué, monsieur Brice, qui vous paraisse révélateur ?

Puis je lui ai parlé de l'épingle à chapeau et du contrôle de voiture ; et j'ai aussi raconté comment Norah avait trouvé et conservé le « papier poudré » qu'elle avait récupéré dans la corbeille.

Les yeux de Zizi brillèrent et elle dit : « L'a-t-elle retracé ?

C'était la première fois que la fille parlait et j'étais charmé par sa voix. Basse et douce, elle ressemblait aussi à une cloche et semblait laisser un écho sonore dans l'air après qu'elle eut cessé de parler.

"Oui; au magasin où il a été acheté », répondis-je. « Comme Norah l'avait deviné, il provenait d'un parfumeur très prestigieux de la Cinquième Avenue. Mais bien sûr, il ne pouvait pas nous dire à qui il avait vendu ce journal en particulier.

« J'aimerais le voir », dit simplement Zizi, avant de retomber dans le silence.

« Norah doit être une fille brillante », observa Wise, « et elle a bien commencé en trouvant le magasin. Peut-être pourrions-nous poursuivre la piste plus loin. Ce n'était pas le vôtre, Miss Raynor ?

"Non; J'utilise une teinte plus pâle. Celui-ci, je l'ai vu, est d'un rose assez foncé.

« Désignant une brune peut-être. Il est peu probable qu'il appartienne à cette vieille Mme Driggs, donc nous devons supposer qu'il y avait une autre femme au bureau ce jour-là. Et nous devons découvrir qui elle est.

"Il y a l'épingle à chapeau, tu sais", dit Olive. «Je l'ai ici, si vous voulez le voir. Mais la police a décidé que cela ne voulait rien dire.

"Rien ne veut rien dire", dit Zizi avec un drôle de petit sourire. "S'il vous plaît, laissez-nous voir l'épingle à chapeau."

Olive l'a sorti d'un tiroir du bureau et l'a remis à la jeune fille, qui l'a immédiatement remis à Penny Wise.

Il le regarda avec intérêt pendant une minute silencieuse.

« Il ne pouvait pas y avoir de meilleur *portrait parlé* ! » il s'est excalmé. « Cette épingle appartient à une dame aux cheveux noirs et raides, grossiers et abondants. Elle a de bonnes dents et elle en est fière. Ses goûts penchent vers le flashy et elle aime les parfums forts. Elle a des habitudes quelque peu désordonnées et est portée aux sentiments. Elle est intellectuelle et efficace et, sinon riche, elle a du moins une compétence.

"Pour l'amour de Dieu !" haleta Olive; "et j'ai étudié cette épingle à chapeau pendant des heures et je n'ai jamais pu en déduire quoi que ce soit !"

– Ce que j'en ai lu ne nous sera peut-être d'aucune utilité, dit Wise avec indifférence ; "Je pense que ce sera une indication suffisante de la direction à prendre pour retrouver la dame en question, mais cela ne signifie pas nécessairement que la retrouver sera utile."

"Mais elle sait peut-être quelque chose à nous dire qui nous fera du bien", suggéra Olive; « En tout cas, trouvons-la. Comment allez-vous procéder ?

"Eh bien, je pense que ce serait une bonne idée de demander à la sténographe, Jenny Boyd, si elle a déjà vu quelqu'un là-bas qui correspond à notre description."

« C'est peut-être la dame du papier poudré », murmura Zizi, et Penny Wise répondit : « Bien sûr », d'un ton préoccupé, et continua :

«Cette personne de Jenny doit être davantage grillée. Elle n'a pas dit tout ce qu'elle savait. Elle a été à l'emploi de M. Gately mais pendant peu de temps et pourtant elle a recueilli beaucoup d'informations. Mais elle n'a pas tout divulgué, loin de là !

« Comment sais-tu tout cela ? » » demanda Olive, étonnée.

« J'ai lu les journaux. J'ai l'habitude indéfectible de lire entre les lignes, et je pense que Miss Jenny a été persuadée par quelqu'un de supprimer certains éléments de preuve intéressants qui s'intégreraient parfaitement dans notre puzzle en images.

"Puis-je entrer?" dit une voix douce, et Mme Vail apparut dans l'embrasure de la porte.

Alors que nous nous levions pour la saluer, Olive a présenté M. Wise, puis Mme Vail s'est permis le luxe d'un regard de véritable curiosité.

Son sourire fantaisiste la charmait, et elle se montrait des plus cordiales dans ses paroles et ses manières. En effet, elle était tellement absorbée par cette nouvelle connaissance qu'elle ne vit même pas Zizi, assise, comme toujours, au fond et dans l'ombre.

"Ne me laissez pas vous interrompre", dit Mme Vail en s'asseyant sur une chaise. « Continuez comme si je n'étais pas là. Je suis *tellement* intéressé, laissez-moi écouter ! Je ne dirai pas un mot. Oh, Olive chérie, as-tu montré la lettre à M. Wise ?

"Non; ça n'a pas d'importance, répondit la jeune fille.

"Mais je ne pense pas que ce soit le cas, ma chère", a persisté Mme Vail. « Vous savez que ça pourrait être un... comment appelle-t- on ça ?... un point d'écoute . Eh bien, j'ai connu une dame une fois… »

"Une lettre est toujours importante", a déclaré Zizi depuis son coin, et Mme Vail a sursauté et a poussé une exclamation surprise.

"Qui c'est?" cria-t-elle en regardant à travers son *lorgnon* dans la direction de la voix.

« Montre-toi, Zizi », ordonna Wise. «Voici mon assistante, Mme Vail. Elle fait partie de notre conseil mais n'en fait pas partie. Je ne peux pas l'expliquer exactement, mais vous finirez par la comprendre.

Zizi se pencha en avant et fit à Mme Vail un sourire agréable quoique indifférent, puis retomba dans son obscurité habituelle.

La fille était, avait dit Wise, une personnalité négligeable, et pourtant chaque fois qu'elle parlait , elle disait quelque chose !

Mme Vail avait l'air perplexe, mais apparemment elle était prête à accepter tout ce qui était étrange, aussi étrange soit-il, en rapport avec le travail de détective.

"Eh bien", observa-t-elle, "comme le dit cette jolie petite chose, une lettre est toujours importante, et je pense que tu devrais la montrer, Olive. Un jour, j'ai reçu une lettre qui a changé tout le cours de ma vie ! »

« Quelle est cette lettre, Miss Raynor ? » demanda Wise d'un ton neutre.

« Un que j'ai reçu par courrier de ce matin », répondit Olive ; «Je n'y ai pas prêté attention, car c'était anonyme. Oncle Amos m'a dit un jour de ne jamais remarquer une lettre anonyme, de toujours la brûler et de l'oublier.

« Assez bons conseils, en général, » dit Wise ; mais dans les affaires aussi sérieuses que celles dont nous sommes saisis, toute lettre est intéressante.

« La lettre est-elle écrite par une femme et signée « Un ami » ? » demanda Zizi de sa voix douce.

"L'avez-vous écrit?" s'écria Olive en se tournant vers la jeune fille spectrale qui était assise si tranquillement derrière elle.

« Oh non, non, non ! *Je* ne l'ai pas écrit », et le petit visage sage affichait un sourire éphémère.

« Alors comment le saviez-vous ? Car il *est* signé « Un ami », mais je ne sais pas si c'est une femme qui l'a écrit ou non.

"C'était vrai", et Zizi hocha la tête avec sa petite tête noire et élégante. Elle avait enlevé son chapeau et l'avait posé sur une chaise à proximité, et tandis qu'elle se blottissait dans ses fourrures qui formaient un fond sombre, son petit visage blanc paraissait plus inquiétant que jamais. "Quatre-vingt-dix pourcent. de toutes les lettres anonymes sont écrites par des femmes, soit quatre-vingt-dix pour cent. parmi ceux-ci sont signés « A Friend ». Même si c'est généralement une fausse déclaration.

"Puis-je voir la lettre?" » demanda Sage.

"Bien sûr; Je l'aurai."

C'est Zizi qui a parlé ! Et se levant, elle traversa rapidement la pièce, jusqu'à un bureau, et sortit d'un casier une lettre ouverte qu'elle porta à Wise, puis se laissa tomber à nouveau sur son siège.

Mme Vail poussa un halètement surpris et Olive la regarda avec étonnement.

« Comment saviez-vous où trouver ça ? s'exclama-t- elle , ses grands yeux bruns écarquillés d'émerveillement.

"Très facile", dit Zizi nonchalamment; « Vous avez à peine quitté cet endroit des yeux, Miss Raynor, depuis que la lettre a été mentionnée !

"Mais même si j'ai regardé le bureau, comment as-tu pu repérer la lettre même d'un coup ?"

« Oh, j'ai aussi regardé le bureau. Et j'ai vu ton courrier du matin, plutôt bien trié. Il y a une pile de factures, une pile de notes incontestablement sociales, et, tout en haut, dans un casier, toute seule, se trouvait cette lettre. Vous y avez jeté un coup d'œil une douzaine de fois ou plus, donc je n'ai pas pu m'empêcher de le savoir.

Olivier rit. On ne pouvait s'empêcher d'aimer cette étrange fille dont l'expression était si sérieuse, même si ses yeux noirs dansaient.

Pendant ce temps, Penny Wise examinait la missive.

"Je vais le lire à haute voix?" et il jeta un coup d'œil à Olive, qui acquiesça d'un signe de tête.

« MLLE RAYNOR :

« Arrête de chercher le tueur d'AG ou tu seras trahi par toi-même. C'est une marchandise pure. Annulez tous les Tecs ou méfiez-vous des conséquences. Je ne préviendrai pas deux fois !

" UN AMI. »

"Une femme", a déclaré Pennington Wise d'une voix rêveuse après l'avoir lu.

"Une femme d'affaires", a ajouté Zizi depuis son coin.

« Un sténographe peut-être », poursuivit Wise, et Olive s'écria :

"Tu veux dire Jenny?"

"Oh non; ceci est écrit par une femme avec plus de cerveaux que Jenny n'en aurait jamais rêvé. Une femme très intelligente en fait.

"OMS?" souffla Olive, son visage impatient rougi par son intérêt et impatient d'en savoir plus.

«Je ne le sais pas, Miss Raynor, mais…»

« Oh, M. Wise », interrompit Mme Vail ; "tu es tellement incroyable! Ne veux-tu pas expliquer comment tu fais au fur et à mesure ?

Elle parlait comme s'il était un prestidigitateur.

"N'importe quoi pour obliger", acquiesça Wise. « Eh bien, voici à quoi cela me ressemble. L'auteur de cette lettre est une femme d'affaires, non seulement parce qu'elle utilise cette grande et unique feuille de papier bond, mais aussi parce qu'elle sait s'en servir. Elle est sténographe, — par là je ne veux pas nécessairement dire que c'est son affaire —, elle peut avoir des connaissances en sténographie et exercer un travail beaucoup plus important. Mais c'est une dactylographe accomplie et rapide. Ceci, je le sais, bien sûr, grâce à la frappe soignée et uniforme. Elle est intelligente, car elle a utilisé ce document sans engagement, qui n'a rien de spécial ni d'individuel. C'est une femme d'affaires, encore une fois, parce qu'elle utilise des expressions telles que « démissionner », « chemin de fer », « Tecs », « marchandises directes »… »

« Ce qu'elle pourrait faire en induisant en erreur… » murmura Zizi.

Il y en a trop et on les utilise avec trop de désinvolture, Ziz . Une fille du monde essayant de se faire passer pour une femme d'affaires n'aurait jamais prononcé ces mots aussi facilement. J'aurais dû dire une journaliste sans une certaine particularité de style qui indique : quoi, Zizi ?

"Vous l'avez; un opérateur télégraphiste.

"Exactement. Connaissez-vous un télégraphiste, Miss Raynor ?

"Non en effet!" et Olive parut étonnée de la suggestion qu'elle devrait compter de telles personnes parmi ses connaissances. "Es-tu sûr?"

« Ça y ressemble beaucoup. Les phrases courtes et l'élimination des pronoms personnels me semblent dénoter une diction de télégraphiste. Et elle est très intelligente ! Elle a envoyé la copie carbone de la lettre et non la dactylographie extérieure.

"Pourquoi?" J'ai demandé.

« Pour le rendre moins traçable. Vous savez, la dactylographie est presque aussi individuelle que l'écriture à la plume. Les différenciations de la machine ainsi que de la technique de l'utilisateur sont presque invariablement si prononcées qu'elles rendent l'écriture reconnaissable. Or ces particularités, si elles sont souvent évidentes sur le premier papier, sont plus ou moins floues sur la copie carbone. Alors « Un ami », pensant être très malin, a envoyé le carbone. C'est une nouvelle astuce, même si je l'ai vue plusieurs fois récemment. Mais ce n'est pas aussi trompeur qu'on le pense. Car toutes les particularités individuelles de la machine à écrire, je veux dire de la machine, sont presque aussi visibles sur celle-ci que sur l'autre. Je les ai remarqués dans ce cas, facilement. Et en plus, cette prétendue écrivaine intelligente s'est dépassée ! Car une copie carbone se tache si facilement qu'il est presque impossible de la toucher, même de plier la feuille, sans laisser une empreinte révélatrice du pouce ou du doigt ! Et ce correspondant l'a fait très obligeamment !

"Vraiment!" souffla Zizi, avec une note de satisfaction dans sa voix basse.

– Et les particularités, quelles sont-elles ? demanda Olivier.

« Celui qui saute aux yeux et me frappe en premier est le *s surélevé* . Écoutez, et vous devez regarder attentivement, Miss Raynor, dans chaque cas, la lettre *s* est un tout petit point plus haute que les autres lettres.

«Eh bien, c'est ainsi», et Olive examina la lettre avec un profond intérêt; "mais comment trouver une machine avec un *s élevé* ?"

« Ce n'est pas un panneau, c'est une preuve. Lorsque nous pensons avoir la bonne machine, les *publicités le* prouveront , et non nous y mèneront.

"Laissez-moi voir", supplia Mme Vail en attrapant le journal. « Un de mes amis est sténographe ; peut-être qu'elle… »

"Excusez-moi", et Penny Wise plia la lettre avec le plus grand soin. « Nous ne pouvons plus laisser d'empreintes digitales sur ce papier, sinon nous le rendrons inutile. Maintenant, Miss Raynor, j'y vais. Je prendrai la lettre et je suis convaincu qu'elle me sera d'une grande aide dans mon travail. Je vous ferai un rapport de temps en temps, mais il faudra peut-être quelques jours avant que j'apprenne quelque chose d'important. Zizi ?

"Oui; Je vais rester ici », et la jeune fille s'assit tranquillement sur sa chaise.

"Cela signifie qu'elle va s'installer chez vous pour le moment, Miss Raynor," et Wise sourit à Olive.

"Vivre ici?"

"Oui s'il vous plait. C'est nécessaire, sinon elle ne le ferait pas.

"Oh, laisse-la rester!" s'écria Mme Vail ; « Elle est si intéressante... et si bizarre !

L'objet de son commentaire lui fit un sourire engageant, mais ne dit rien, et me faisant signe de l'accompagner, Wise se leva pour prendre congé.

Mais je voulais discuter un peu plus avec Olive sur plusieurs sujets et j'ai dit à Wise que je le rejoindrais un peu plus tard.

"Soyez gentille, Zizi", l'adjura-t-il en s'éloignant, et elle hocha la tête, mais avec une grimace impertinente au détective.

"Ma chambre?" dit-elle d'un ton interrogateur en jetant un joli regard timide à Olive. « Je ne pose aucun problème, pas du tout. N'importe quelle petite pièce ancienne, vous savez.

« Vous l'aurez dans quelques instants », et Olive s'en alla voir les femmes de chambre à ce sujet.

Mme Vail a saisi l'occasion de parler sans interruption à l'étrange fille.

"Quel est ton travail?" elle a demandé; « Est-ce que vous aidez M. Wise ? N'est-il pas merveilleux ! Comme il faut l'admirer. J'ai connu un détective une fois, ou, du moins, un homme qui allait devenir détective, mais... Oh, *dites* - moi quelle est votre part du travail !

"Je m'assois," répondit Zizi, avec un cher petit sourire qui enlevait toute brièveté.

"Assie à coté de! Est-ce un terme technique ? Je ne comprends pas très bien.

«Je ne me comprends pas toujours», et la jeune fille secoua lentement la tête ; mais je reste silencieux jusqu'à ce que M. Wise veuille que je parle, que je lui dise quelque chose, vous savez. Alors je lui dis.

"Mais comment *le* sais-tu?" J'entrai, fasciné par cette étrange enfant, car elle ne ressemblait guère à une enfant.

« Oh ! » Zizi frissonna et se ressaisit, ses yeux noirs ronds et étranges ; « oh ! Je ne sais pas comment je le sais ! Je suppose que c'est l'homme aux bogies qui me le dit ! »

Mme Vail frissonna aussi et poussa un petit cri.

« Tu es une sorcière », s'écria-t-elle ; « Admets-le, maintenant, tu n'es pas une sorcière ? »

« Oui, madame, madame ! Je *suis* une sorcière, une pauvre petite sorcière ! et Zizi a carrément ri de sa propre petite blague.

Si son sourire avait été charmant, son rire l'était encore plus. Ce n'était pas seulement un trille argenté, mais c'était contagieux, et Mme Vail et moi avons ri avec sympathie.

« De quoi riez-vous tous ? dit Olive en réapparaissant.

« À moi », et Zizi parlait humblement maintenant ; «Je les ai fait rire . Désolé!"

"Viens avec moi, espèce de drôle d'enfant", et Olive l'a emmenée, me laissant victime du flot incessant de bavardages de Mme Vail.

La bonne dame discutait avec volubilité du détective et de son assistant et détaillait de nombreux récits de personnes qu'elle avait connues. Sa connaissance était apparemment vaste !

Olive revint enfin, souriante.

"Je n'ai jamais rien vu de pareil!" s'écria-t-elle ; «Je lui ai donné une jolie petite chambre, non loin de la mienne. Je ne sais pas, j'en suis sûr, pourquoi elle reste ici, mais j'aime l'avoir. Eh bien, en deux minutes environ, elle a complètement changé les meubles. Pas les pièces lourdes, bien sûr, mais elle a déplacé une petite table et toutes les chaises, et a finalement dévissé une ampoule électrique d'un endroit et l'a mise à un autre, puis, après avoir regardé partout, elle a dit : « Juste une chose. plus!' et si elle ne sautait pas sur une table d'un seul saut et n'enlevait pas une assez grande photo ! « Voilà, » dit-elle, et elle le déposa dans le hall ; «Je ne peux pas supporter ce truc ! C'est une belle pièce et je vous remercie, Miss Raynor. Le rose que nous avons croisé est le vôtre, n'est-ce pas ?

"'Oui; comment le savais-tu ? Je lui ai demandé. Et elle a dit : « J'ai vu une photo de M. Manning sur votre bureau. Petit coquin ! Je ne peux m'empêcher de l'aimer !

CHAPITRE XI

Cas des rivières

J'étais si absorbé par les nouveaux intérêts qui étaient apparus dans ma vie, si désireux d'aider Olive Raynor et si curieux de suivre le déroulement de Pennington Wise, que j'avoue avoir complètement oublié le pauvre type que j'avais vu à l'hôpital. Hôpital Bellevue , l'homme qui « est tombé à travers la terre » ! Et je ne suis pas sûr que j'aurais jamais repensé à lui, sauf comme un souvenir éphémère, si je n'avais pas reçu une lettre de lui.

Mon cher Brice [il écrit] : Je n'ai pas le droit de te voler ton temps, mais si tu as quelques minutes à perdre, j'aimerais que tu me les donnes. Je suis sur le point de sortir de l'hôpital, avec un état de santé impeccable, mais sans aucune allusion ni aucune idée quant à mon identité chérie. Les médecins – merde ! – disent qu'un jour ma mémoire reviendra sur moi, pleine d'armes, mais en attendant, je dois rester assis et attendre. N'étant pas patient, je vais m'occuper d'acquérir une nouvelle identité, puis, si jamais l'ancienne revient, j'en aurai deux, — et pourrai mener une double vie ! Non, je ne suis pas désinvolte, je suis philosophe. Eh bien, si votre offre n'était pas assortie de conditions, venez me voir, s'il vous plaît.

Cordialement, AFFAIRE RIVERS .

PS — Les médecins me considèrent comme un cas très important et très intéressant, d'où mon nom.

Je souris à ce mot, et comme j'avais pris d'emblée de l'affection pour cet homme, j'allai aussitôt le voir.

«Non», lui ai-je assuré après avoir reçu son accueil cordial, «mon offre n'était assortie d'aucune condition. Je suis plus que prêt à vous aider de toutes les manières possibles, à vous trouver une place dans cette vieille ville et à vous y intégrer. Peu importe d'où vous venez ou comment vous êtes arrivé ici ; New York est une course à tous , et le diable prendra le dernier.

"Il ne m'aura pas, alors," et Rivers hocha la tête avec détermination ; « Je ne suis peut-être pas dans le van, au début, mais donnez-moi une demi-chance et je réussirai ! »

Ce n'était pas de l'arrogance ou de la vantardise, je pouvais le voir, mais une détermination sincère. L'homme était sincère et il avait une certaine détermination, qui se manifestait dans son apparence et ses manières ainsi que dans ses paroles.

Rivers était debout et habillé maintenant, et j'ai vu que c'était un beau type. Ses cheveux châtain clair étaient soigneusement séparés et brossés ; son visage rasé était mince et pâle, mais il montrait de fortes lignes de caractère. On lui avait équipé des lunettes, un *pince-nez* retenu par une petite chaîne en or sur une oreille, ce qui corrigeait le regard vide de ses yeux. Ses vêtements étaient bon marché et incontestablement prêts à porter.

Il s'est excusé. « Je préférerais avoir de meilleurs vêtements », dit-il, « mais comme j'ai dû emprunter de l'argent pour m'habiller, je ne voulais pas faire de folies. Un médecin ici est une brique ! Il va suivre mon « dossier », et j'ai donc accepté son prêt. C'est une situation effrayante que d'être un homme adulte et vivant, sans un centime en poche !

« Laissez-moi être votre banquier », lui proposai-je en toute sincérité ; "JE--"

"Non; Je ne veux pas tellement de pièces de monnaie, mais plutôt un moyen d'en gagner. Maintenant, si vous me permettez de trouver du travail, quelque chose qui rapporte assez bien, je vous en serai obligé, monsieur, et je partirai.

Son sourire était de ce genre franc et amical qui suscite la sympathie et j'ai accepté de l'aider de toutes les manières possibles.

"Que pouvez-vous faire?" Ai-je demandé, au préalable.

« Je ne sais pas . Je dois enquêter sur moi-même et découvrir quels sont mes talents latents. Sans doute leur nom est légion. Mais j'en ai réussi un. Je peux dessiner! Soyez témoin de ces chefs-d'œuvre ! »

Il m'a montré quelques feuilles de papier griffonné sur lesquelles j'ai vu plusieurs dessins mécaniques soignés et bien faits.

« Vous étiez dessinateur ! M'écriai-je, "dans ta vie perdue".

"Je ne sais pas. Je l'ai peut-être été. Quoi qu'il en soit, tout va bien.

"Quels sont-ils?"

« Pas grand-chose. Ce sont en quelque sorte des dessins pour papier peint ou toile cirée. Voir? De simples suggestions, vous savez, mais celle-ci, répétée, ferait une étude déchirante pour un papier bicolore.

« Vous avez raison », m'exclamai-je, admiratif du motif. "Vous devez avoir été un concepteur de telles choses."

« Peu importe ce que j'étais , la question est de savoir ce que je peux être maintenant, pour prendre ma place dans le monde économique. Ce sont, voyez-vous, des adaptations à partir de cristaux de neige.

" Donc ils sont! Cela me ramène à mes années d'école.

« Peut-être que j'y reviens aussi. Je me souviens des images de cristaux de neige dans « Les quatorze semaines de science naturelle de Steele ». Avez-vous étudié cela ?

"Je l'ai fait!" J'ai répondu en souriant; "à l'école secondaire! Mais est-ce que ta mémoire revient ?

« Ce n'est pas pour que tu le remarques ! Je me souviens de tout ce que j'ai appris de manière éducative, mais je ne vois aucune image individuelle de *moi* , personnellement, - oh, tant pis ! Comment puis-je obtenir un poste de maître designer dans une grande usine ?

"C'est une grosse commande", ai-je ri. "Mais vous pouvez commencer modestement et vous élever jusqu'à une fière éminence..."

« Non, merci ! Je ne suis plus aussi jeune qu'avant ; mon médecin préféré me donne trente ans, plus ou moins, mais j'en ai environ soixante.

« Vraiment, Rivers, tu te sens comme un vieil homme ?

« Pas physiquement, c'est ce qui est bizarre. Mais j'ai l'impression que ma vie est derrière moi... »

"Oh, c'est à cause de ton mental temporaire———"

"Je sais cela. Et je vais le vaincre, ou le contourner d'une manière ou d'une autre. Maintenant, si vous me présentez , et, oui, soyez ma garantie, ma référence, je sais que c'est beaucoup demander, mais si vous le faites, je vous le rendrai, je vous le promets !

« Je crois que vous le ferez, et je n'en suis que trop heureux. Je vous emmènerai, chaque fois que vous le demanderez, dans une entreprise que je connais et qui, je crois, sera très heureuse de vous recevoir. Vous voyez, tant d'hommes de votre talent sont partis à la guerre... »

"Oui, je sais, et j'aimerais m'enrôler, mais Doc dit que je ne peux pas, étant un—un déficient."

"J'aurais aimé que vous soyez plutôt détective", dis-je, en partie pour détourner le courant de ses pensées de son état et en partie parce que mon esprit était tellement rempli de mes propres intérêts qu'il était une considération secondaire.

"J'aimerais être. J'ai lu pas mal de romans policiers depuis que je suis ici à l'hôpital, et je ne pense pas que cette histoire de déduction soit une si bonne affaire. Sherlock Holmes va bien, mais la plupart de ses imitateurs sont des bêtises et des absurdités.

Et puis, incapable de me retenir plus longtemps, je lui ai tout raconté sur l'affaire Gately et sur Pennington Wise.

Il était profondément intéressé et ses yeux brillaient lorsque je lui racontais les déductions de Wise tirées de l'épingle à chapeau.

« L'a-t-il déjà prouvé ? Il a demandé; "L'avez-vous vérifié?"

« Non, mais nous n'avons pas eu le temps. Il vient tout juste de commencer son travail. Il a une autre tâche ; pour retrouver Amory Manning.

"Qui est-il?"

"Un homme qui a disparu et on craint un acte criminel."

« Est-il soupçonné d'avoir tué Gately ? »

« Oh non, pas ça ; mais on le soupçonnait de se cacher pour protéger Miss Raynor... »

"Peuh! une fille ne commettrait pas un meurtre comme celui-là.

« De toute façon, je ne pense pas que cette fille l'ait fait. Et en fait, ils – la police je veux dire – ont un nouveau suspect. Il y a un homme nommé Rodman, qui est recherché.

« Oh, c'est un super jeu ! J'aimerais pouvoir sortir dans le monde et participer à de telles choses ! »

« Vous le ferez, vieil homme. Une fois que vous aurez vraiment commencé, le monde sera... »

« Ma porte de cave ! Vous pariez que ce sera le cas ! Je vais y glisser directement.

« Et si tu tombais à travers ça ? Vous souvenez-vous d'autres détails de cette performance quelque peu... euh... inhabituelle ?

"Oui je le fais! Et tu peux rire autant que tu veux. Ce n'est pas une hallucination, c'est un souvenir clair et vrai, le seul souvenir que j'ai.

« De quoi te souviens-tu ? »

"Ce voyage à travers la terre———"

« Vous lisez Jules Verne ces derniers temps ?

« Ne le lisez jamais. Mais ce long voyage vers le bas, vers le bas, des kilomètres et des kilomètres, je ne pourrai jamais l'oublier ! J'avais un globe à regarder, et je suppose que j'ai dû commencer à des milliers de kilomètres d'ici... »

"Oh, maintenant, descendez——"

«Eh bien, ça ne sert à rien. Je ne peux le faire croire à personne, mais c'est la vérité !

«Écrivez-le pour les films. L'Homme qui tomba à travers la Terre serait un titre époustouflant ! »

« Maintenant, tu me harcèles encore. Je suppose que je vais me taire sur ce sujet. Mais je vais vous demander un dernier coup de main. Où puis-je trouver une chambre pour vivre pendant une courte période ?

"Pourquoi un court laps de temps?"

« Parce que je dois d'abord prendre un petit logement bon marché, puis bientôt, je serai sur pied, financièrement parlant, et je pourrai déménager dans des quartiers décents. Vous voyez, je vais quand même vous demander de me confier quelques shekels, tout de suite, et je vous rembourserai le prêt, avec intérêts, à une date proche.

Son hypothèse calme de réussite commerciale m'a impressionné favorablement. Sans aucun doute, il avait été habitué à gagner et à dépenser de l'argent dans sa vie antérieure, et il prenait cela comme une évidence. Mais son bon sens, qui ne l'avait nullement abandonné, lui faisait prendre conscience qu'il ne pouvait obtenir de poste satisfaisant sans une sorte de diplôme.

Pendant qu'il parlait , il dessinait inconsciemment sur le bloc de papier posé sur la table à côté de son coude – de délicates marques au crayon qui se résolvaient en figures à six côtés, dont les rayons s'épanouissaient en de belles vrilles ou pointes jusqu'à ce qu'elles se forment. un tout parfait et harmonieux ; chaque section se ressemble, comme dans un cristal de neige.

Ils étaient si bien réalisés que je me suis émerveillé devant son don particulier.

« Vous devriez créer de la dentelle », ai-je observé ; "Ces dessins sont trop beaux pour du papier ou des tapis."

"Peut-être", répondit-il en regardant sérieusement ses dessins. "Quoi qu'il en soit, je vais concevoir quelque chose, et ce sera quelque chose de valable !"

« Peut-être étiez-vous graveur, risquai-je, avant de... »

« Avant de tomber à travers la terre ? Peut-être que je l'étais. Eh bien, supposons que demain j'empiète sur vos bons offices au point d'aller avec vous voir la maison dont vous avez parlé. Ou, si vous me donnez une lettre d'introduction... »

"Connaissez-vous New York?"

"Je ne suis pas sûr. J'ai l'impression d'être allé à New York une fois, il y a longtemps, mais je ne peux pas le dire avec certitude.

« Alors, je vais avec toi. Je t'appellerai demain et je t'escorterai jusqu'au bureau que j'ai en tête, et je chercherai également une maison et un coin du feu qui vous plaisent.

«Ce qui me plaît est hors de question pour le moment», dit-il, fermement déterminé à ne pas s'engager envers moi plus que nécessaire. "Je choisirai une chambre comme celle du vieux monsieur de la Bible, avec un lit, une table, un tabouret et un chandelier."

« Vous vous souvenez très bien de votre littérature. »

«Je le fais, la plupart du temps; même si j'avoue que j'ai entendu parler de cet individu ascétique depuis que je suis ici. L'hôpital est riche en Bibles et en romans policiers, et à court de *belles-lettres* . Eh bien, au revoir, vieil homme !

Je suis parti en réfléchissant. C'était un cas étrange, celui de Case Rivers. J'ai souri au nom qu'il avait choisi.

C'était incontestablement un homme instruit et instruit. Son discours m'a donné une légère impression d'Anglais et je me suis demandé s'il pouvait être Canadien. Bien sûr, je ne croyais pas un instant à ses histoires sur sa venue du Canada vers notre belle ville *via* l'intérieur du globe, mais il a peut-être eu un oubli qui incluait son voyage en train et a rêvé qu'il arrivait. d'une manière fantastique.

Et puis, comme d'habitude, en quittant une scène pour une autre, mes pensées se sont tournées vers ma prochaine mission, qui était une visite au quartier général de la police.

Ici, le chef Martin m'a donné beaucoup de nouvelles informations. Il semblait qu'ils avaient mis au jour des preuves préjudiciables dans le cas de George Rodman, et il était, sans aucun doute, un malfaiteur, mais dans quelle branche particulière du mal le chef avait omis de préciser. Des indications assez générales ne pourraient pas non plus produire de résultat. Finalement j'ai dit :

« Pourquoi n'arrêtez-vous pas Rodman, alors ? »

« Pas assez de preuves définitives. Je suis à peu près sûr qu'il a tué Gately, et je pense savoir pourquoi, mais je ne peux pas encore le prouver . Votre déclaration selon laquelle sa tête, visible sur la porte vitrée, était la même que celle que vous avez vue le jour du meurtre, est notre point le plus fort… »

"Oh, je n'ai pas dit ça!" J'ai pleuré, consterné; "Je dis bien que ça ressemblait à la même tête, mais je ne jurerais pas que c'était le cas !"

"Eh bien, je pense que c'était le cas, et même si nous ne pouvons pas connecter le pistolet à Rodman———"

"Avez-vous récupéré le pistolet de l'homme de Boston?"

"Oui; Scanlon a ramené ce bacon à la maison. Mais une analyse minutieuse n'a pas permis d'obtenir plus d'informations de Lusk, l'homme qui a trouvé le pistolet. Il raconte sans détour sa visite au Puritan Building et ses activités là-bas, le tout corroboré par les personnes auxquelles il a rendu visite. Il a trouvé ce pistolet, exactement comme il le dit. Et bien sûr, je savais qu'il disait la vérité dans sa lettre. S'il était impliqué, ou s'il avait une connaissance coupable du crime, il ne nous écrirait sûrement pas pour nous en parler ! Alors maintenant, nous avons le pistolet, et nous savons qu'il a été récupéré dans le hall du dixième étage , près de la porte de Rodman , mais cela ne prouve rien, puisque nous ne pouvons pas prétendre qu'il s'agit de l'arme de Rodman. C'est peut-être le cas, bien sûr, mais rien ne le prouve.»

« Que dit Rodman pour lui-même ?

« Nie tout. Il dit qu'il avait une simple connaissance de Gately - nous savons que c'est un mensonge ! - qu'il savait qu'il y avait une porte d'ascenseur dans sa chambre, mais qu'il ne l'avait jamais utilisée, ni même ouverte. Il a dit qu'il avait accroché une grande carte de guerre dessus parce que c'était un bon endroit pour une carte. Nous n'avons aucun témoin vivant pour apporter la moindre preuve contre Rodman, à l'exception de votre déclaration sur son ombre, et cela est pour le moins incertain.

"Oui c'est le cas. Je dis que cela ressemblait à la tête de Rodman, c'est-à-dire que la tête de Rodman ressemblait à celle que j'ai vue ce jour-là. Mais d'autres têtes pourraient lui ressembler autant.

« C'est là le problème. George Rodman est un type habile, et ce qu'il fait et qu'il ne veut pas que l'on sache, cela ne se fait pas savoir ! Mais je suis sur lui ! Et je parie que je l'aurai quand même. Il est tellement cool que tout ce que je lui dis coule comme de l'eau sur le dos d'un canard. Il sait que je n'ai aucune preuve et il compte sur cela pour s'en sortir.

« Et Jenny ? Elle ne peut rien te dire ?

« Elle ne sait rien de Rodman. Et ce point même prouve que s'il rendait souvent visite à Gately, comme je pense qu'il le faisait, il allait et venait par cet ascenseur privé qui reliait leurs deux bureaux, et faisait également une sortie sur la rue pour l'un ou l'autre ou les deux.

« Le vieux Boyd a-t-il déjà vu Rodman quitter le Matteawan par cet ascenseur ?

"Il dit qu'il ne l'a jamais fait, mais parfois je pense que Rodman l'a réparé."

"Et Jenny aussi, peut-être."

"Peut être. Et voici autre chose. Il y a quelqu'un appelé « The Link », qui joue un rôle important dans toute cette affaire, mais qui y joue en secret. Je ne dirai pas comment j'ai trouvé ce petit farceur, mais si je peux découvrir qui est "The Link", j'ai fait un grand pas vers le succès.

Naturellement, je n'ai rien dit à propos de Pennington Wise au chef de la police, mais j'ai noté mentalement « The Link » pour en faire rapport au détective.

« La récompense est offerte », nous a-t-on soudainement informés alors que Foxy Jim Hudson faisait irruption dans la pièce.

"Pour quoi?" demanda le chef, un peu distraitement.

"Pour obtenir des informations permettant de localiser Amory Manning."

Martin se retourna sur sa chaise pour regarder son subordonné. « Qui l'a proposé ? Combien?"

« C'est ce qui est bizarre, chef. Pas le montant, c'est cinq mille dollars, mais c'est une ou plusieurs personnes inconnues qui vendront le chou frisé. Cela se fait par l'intermédiaire du cabinet Kellogg and Kellogg, le groupe d'avocats le plus blanc de la ville. Je veux dire que celui qui offre cette récompense en vaut la peine. Pas d'affaire d'escrocs. Je suis pour , l'argent, je veux dire. Savez-vous, chef, que la disparition de ce type de Manning est liée d'une manière ou d'une autre au meurtre de Gately ? J'ai une intuition là-dessus. Et voici comment je le dope. Manning a vu Rodman, eh bien, peut-être qu'il ne l'a pas vu tirer, mais il a vu quelque chose qui incriminait Rodman, et donc lui, Rodman, a dû écarter Manning du chemin. Et a fait! Vous voyez, l'ami Rodman n'est pas seulement un scélérat profondément teint , mais la teinture a été « fabriquée en Allemagne » !

« Eh bien, je suis heureux que la récompense soit offerte », a commenté le chef. "Maintenant, un étranger de haut rang va intervenir et parler de son petit article."

« Tu veux dire quelqu'un en particulier ? » J'ai demandé.

Grâce à son truc particulièrement irritant, le chef Martin non seulement n'a pas répondu, mais il n'a même pas prouvé qu'il avait entendu ma question. Il continua:

« Cela fait deux récompenses. La Puritan Trust Company a offert cinq mille dollars pour l'arrestation du meurtrier de Gately. Ces cinq mille autres ajoutent à l'excitation et devraient produire un bon résultat.

"Je suis absent pour les deux", a annoncé Hudson. "Je ne peux pas dire que je m'attends à les avoir , mais je vais tenter ma chance. Rodman a un revenu énorme et aucun moyen de subsistance visible. Ce fait devrait aider.

"Comment?" J'ai demandé.

« Oh, cela prouve à mon avis qu'il était mêlé à des affaires lucratives et qu'il ne faisait pas… enfin… de publicité. "The Link" a également été mixé. Autrement dit, je suppose que « The Link » était une sorte d'intermédiaire, qui permettait à Rodman de conclure ses infâmes accords en secret.

"Eh bien, Foxy, tu en sais beaucoup", et le chef rit avec bonne humeur.

Je sentais que j'en savais maintenant beaucoup aussi, et en partant, j'ai décidé de voir Penny Wise immédiatement et de lui rapporter tout ce que j'avais appris. Je suis d'abord arrivé à mon propre bureau et j'ai trouvé Norah dans un bureau marron, les mains derrière la tête et une lettre à moitié écrite dans sa machine à écrire.

Elle m'a regardé distraitement, puis, remarquant mon air excité, elle est devenue alerte et s'est exclamée : « Que s'est-il passé ? Que sais-tu de nouveau ?

« Des tas », me suis-je porté garant, puis je lui ai parlé brièvement de la culpabilité probable de Rodman ainsi que des récompenses offertes.

"Jenny est ton atout", dit-elle après un silence pensif. « Cette fille sait beaucoup de choses qu'elle n'a pas dites. Je ne devrais pas être surpris si elle est à l'emploi de Rodman.

"Que veux-tu dire?"

« Oh, elle est trop désinvolte. Elle admet tellement de choses qu'elle a vues ou entendues et puis quand on lui pose des questions sur les autres, elle est un mur blanc. Maintenant, elle les connaît, mais elle ne le dira pas. Pourquoi? Parce qu'elle est payée pour ne pas le faire.

"Alors comment pouvons-nous la contourner?"

"Payez-la plus." Et Norah se remit à taper. Mais elle releva la tête pour dire : « Mme. Russell a appelé ici il y a environ une heure.

« Elle l'a fait ! Pourquoi?"

"Je ne sais pas. Elle voulait te voir. Elle était un peu désespérée, alors je lui ai parlé un peu.

«Je suis content que tu l'aies fait. Pauvre dame, elle ressent terriblement l'absence de son frère.

"Oui; nous en avons discuté. Elle pense qu'il a été tué.

« A-t-elle des raisons de penser cela ? »

"Non, sauf qu'elle en a rêvé."

"Un rêve des plus naturels pour une femme nerveuse et inquiète."

"Bien sûr. Je me demande si elle sait qu'une récompense est offerte pour M. Manning ?

"Peut-être qu'elle l'a proposé, par l'intermédiaire des gens de Kellogg."

"Non, elle ne l'a pas fait."

« Je vous en prie, comment savez-vous, oh, Cassandra moderne ?

« Je ne connais pas votre vieille amie Cassandra, mais je sais que Mme Russell n'offre pas cinq mille dollars. Elle ne peut pas se le permettre.

"Eh bien, c'est une femme riche."

« Elle passe pour un et, bien sûr, elle ne souffre ni pour la nourriture ni pour les vêtements. Mais elle fait des économies. Elle portait son chapeau et son manchon de l'année dernière, et elle fait elle-même son ménage.

"Peut-être qu'elle portait ses vieux vêtements parce qu'elle voulait simplement faire appel à mon moi indigne."

"Non. Elle se rendait à une réception. Ce sont ses plus beaux vêtements maintenant. Et une petite déchirure dans un gant et un bouton-pression manquant sur son corsage prouvent qu'elle n'a pas de femme de chambre personnelle, comme le font habituellement les gens dans sa position. Donc, je suis sûr qu'elle n'offre pas de grosse récompense en argent, même si elle aime son frère.

« Vous êtes une détective née , Norah. Vous battrez Penny Wise à son propre jeu, s'il ne fait pas attention ! »

"Peut-être", dit Norah, et elle reposa gracieusement le bout de ses doigts sur les touches de sa machine à écrire.

CHAPITRE XII

Le lien

C'est le lendemain après-midi que Penny Wise est entrée dans mon bureau. C'était sa première visite là-bas et je lui ai réservé un accueil chaleureux. Norah avait l'air si impatiente que je lui ai présenté, car je ne pouvais pas supporter de décevoir la fille en l'ignorant.

Wise était délicieusement cordial envers elle, et en effet, la personnalité séduisante de Norah rendait toujours les gens amicaux.

J'avais essayé de contacter le détective la veille, mais il était en déplacement et il me manquait ici et là, et nous ne pouvions pas nous réunir jusqu'à ce qu'il trouve ce loisir.

Je lui ai raconté tout ce que j'avais appris de la police, mais il en savait déjà une partie. Il était très intéressé par la nouvelle dont il n'avait jamais entendu parler auparavant, selon laquelle quelqu'un était impliqué, appelé « The Link ».

"C'est celui que nous voulons!" il pleure; "Je soupçonnais une telle personne."

"Homme ou femme?" » demanda brièvement Norah, et Wise lui jeta un coup d'œil.

"Qui pensez-vous?"

"Femme", répondit-elle, et Penny Wise hocha la tête. "Oui, je n'ai aucun doute que 'The Link' est une femme et un facteur très important dans l'affaire."

"Mais je ne comprends pas", ai-je ajouté. "Qu'est-ce qu'elle relie ?"

" Qui, pas quoi, " dit Wise, et il avait l'air très sérieux. « Bien sûr, tu dois comprendre, Brice, qu'il y a un très grand mobile derrière ce meurtre de Gately, et il y a aussi une grande raison à la disparition d'Amory Manning. Les deux sont liés, cela ne fait aucun doute, mais cela ne prouve pas que Manning soit le meurtrier, bien sûr. Non, ce Link est une femme de qualités, une femme qui est de la plus haute valeur pour les responsables de ce crime, et qui doit être retrouvée, et cela immédiatement !

« Avait-elle affaire à M. Gately ? » demanda Norah, ses yeux gris brûlant d'intérêt.

"Je ne sais pas." La réponse hésitante de Wise n'était en aucun cas due à sa réticence à admettre son ignorance, mais plutôt au fait qu'il réfléchissait lui-même profondément. « Écoute, Brice, on ne peut pas visiter les chambres de

Gately maintenant ? Je ne veux pas demander la permission à la police, mais si les gens de la Trust Company nous laissaient entrer… »

"Bien sûr", répondis-je, et je me rendis immédiatement chez le vice-président pour obtenir l'autorisation souhaitée.

"Tout va bien", ai-je annoncé en revenant avec les clés, "viens devant."

Nous sommes entrés dans les magnifiques appartements du défunt président de la banque.

Pennington Wise a été impressionné par leurs effets riches et harmonieux, et ses yeux vifs se sont lancés ici et là, captant les détails. Avec une rapidité merveilleuse, il parcourut les trois pièces de la suite en hochant la tête en notant les points particuliers dont on lui avait parlé. Dans la troisième pièce, la Chambre Bleue, il regarda autour de lui, souleva la carte du mur et la remit en place, ouvrit la porte du couloir et la referma, puis se tourna vers la pièce du milieu. le bureau d'Amos Gately et apparemment, dans l'esprit du détective, le principal lieu d'intérêt.

Il s'assit dans le grand et beau fauteuil pivotant, dont le rembourrage en velours le privait de tout l'aspect d'un fauteuil de bureau ordinaire, et réfléchit profondément tandis que ses yeux dévoraient les accessoires du bureau. Rien n'avait été dérangé, ce que j'avais remarqué, si ce n'est que le téléphone avait été mis dans sa bonne position, et aussi la chaise que j'avais trouvée renversée avait été redressée.

Wise n'a touché que quelques points. Il ramassa le porte-plume, une magnifique affaire épaisse en or.

"Probablement un cadeau de ses commis", dis-je en souriant devant cet objet orné et ostentatoire. "Tous les autres gadgets sont de meilleur goût."

Pennington Wise ouvrit les tiroirs du bureau. Il n'y avait pas grand-chose à voir, car tous les documents financiers avaient été emportés par les exécuteurs testamentaires de M. Gately.

«Voici une bande bizarre», observa Wise en ramassant un paquet de papiers maintenus ensemble par un élastique. Il les a triés sur le bureau.

Il s'agissait de feuilles de papier de styles variés, chacune portant l'adresse ou l'écusson d'un grand hôtel de la ville. Plusieurs des principales hôtelleries de New York étaient représentées parmi elles. Chaque feuille portait une date marquée avec un tampon de datation en caoutchouc ordinaire.

"Important, si c'est vrai", a commenté Wise.

"Si qu'est-ce qui est vrai?" » demanda Norah sans détour.

« Mes déductions », répondit-il. "Ces lettres, si nous pouvons les appeler lettres, ont sans aucun doute été envoyées à M. Gately à des moments différents et dans des enveloppes séparées."

«Ils l'étaient», lui ai-je informé. "L'un d'entre eux est venu le lendemain de sa mort."

"Ça faisait! Lequel?"

« Ce n'est pas ici. Tout le nouveau courrier est allé à son avocat.

« Il faut s'en emparer ! »

" Mais... dis-moi, quelle est l'utilité d'une feuille de papier vierge ?"

« Celles-ci ne sont pas vides », et il montra les dates tamponnées. « Ils sont très loin d'être vierges !

"Seulement une date, sur une simple feuille de papier, qu'est-ce que ça veut dire ?"

"Peut-être rien, peut-être tout."

Ce n'était pas dans les habitudes de Penny Wise d'être énigmatique, et j'ai compris que les papiers avaient vraiment de la valeur comme preuve. "Est-ce que l'écriture a été effacée?" J'ai risqué.

"Probablement pas. Non je ne pense pas." Il scruta de plus près.

« Non, conclut-il, rien de tel. Le message est entièrement raconté en surface, et celui qui court peut le lire.

« Lisez : « Le Waldorf-Astoria, le 7 décembre ». » Je me suis moqué. « Et le lecteur est-il très éclairé ?

"Pas encore, mais bientôt", murmura Wise tout en poursuivant son enquête. "Ha!" reprit-il, comme l'acteur l'a , qu'avons-nous ici ?

Il scrutait maintenant les bouts de deux cigarettes brûlées, laissées sur le cendrier du fumoir.

« La dame a laissé ses initiales ! Comme elle est gentille !

"Eh bien, Hudson les a étudiés et n'a pu distinguer aucune lettre", m'exclamai-je.

« Hudson aveugle ! Ces cigarettes très délicates et très chères appartenaient à une blonde dont le nom commençait par K et S, ou S et K. Faites attention à la façon dont vous les touchez, mais vous pouvez sûrement voir que le dessus des lettres, bien que brûlé, montre assez nettement pour savoir qu'ils doivent être K et S. »

"Ils sont!" s'écria Norah ; "Je peux le voir maintenant."

« Ce S ne pourrait-il pas être un O ? J'ai tergiversé.

"Non," et Wise secoua la tête. « Les deux, bien que presque incendiés, montrent avec certitude que les lettres sont K et S. Voici une trouvaille ! Est-ce que Miss Raynor fume ?

"Je ne pense pas," répondis-je. « Je ne l'ai jamais vue faire ça, et elle n'a pas l'air de ce genre-là. Et puis... les initiales...

« Oh, eh bien, elle aurait pu emporter avec elle les cigarettes de certaines de ses amies. Je pensais seulement qu'il devait s'agir d'un appelant assez intime qui s'asseyait ici et fumait avec M. Gately - voici ses propres mégots de cigares que vous voyez et bien sûr, Miss Raynor m'est venue à l'esprit. En l'éliminant, nous aurons peut-être la dame à l'épingle à chapeau.

– Et le papier poudré ! s'écria Norah.

« Oui, ils semblent tous pointer du doigt une personne très sympathique qui fumait, qui ôtait son chapeau et qui se poudrait le nez, tout cela dans cette pièce, et tout cela le jour où M. Gately a été tué. Car, bien sûr, tout l'endroit était nettoyé et mis en ordre chaque jour.

«Et il y a eu le contrôle du transport», pensais-je; "Peut-être qu'elle a laissé ça."

« Contrôle de transport ? » demanda Sage.

"Oui, une carte comme un morceau de fromage suisse, tu connais ces chèques de voiture perforés ?"

"Je fais. Où est-il?"

«Hudson l'a pris. Mais il n'en retirera rien, et vous pourriez bien le faire.

"Peut-être. De toute façon, je dois le voir. Et puis, je veux voir Jenny, la jeune sténographe qui était… »

"Dois-je l'amener ici?" proposa Norah.

«Oui», commença Wise, mais je l'interrompis.

«Je dois rentrer à la maison», dis-je. « J'ai promis à Rivers que je le verrais cet après-midi et que je l'emmènerais faire quelques courses. Supposons que j'y aille maintenant, que vous m'accompagniez, M. Wise, et que Norah récupère Jenny et l'amène dans mes appartements. Nous pouvons y avoir l'entretien ; Les rivières n'arriveront peut-être que plus tard, mais je dois être là pour le recevoir.

Alors Penny Wise et moi sommes descendus dans mon agréable vigne et mon figuier , et pendant que nous y allions, je lui ai parlé de Case Rivers.

Il s'intéressa immédiatement, comme il l'avait toujours été à tout ce qui était mystérieux, et il dit : « Je suis content de le voir. Quel cas étrange ! Peut-il être le Manning disparu ?

"Pas une chance", répondis-je. « Les deux hommes sont totalement différents en apparence et en constitution. L'effectif est lourd, presque trapu. Les rivières sont maigres et maigres. De plus, Manning est brun et de sang pur, tandis que Rivers est pâle et a les cheveux très clairs. J'ai essayé de faire une ressemblance, mais c'est impossible. Cependant, Case Rivers est intéressant en soi ; » et je lui ai raconté l'histoire de son voyage à travers la terre.

Il rit. « Hallucination, bien sûr », dit-il ; « mais cela pourrait facilement conduire à la découverte de son identité. Cette affaire d'amnésie-aphasie me fascine toujours. Enfin, si je suis convaincu que c'est la vraie chose. Car, vous savez, c'est une belle occasion de simuler une perte de mémoire.

« Il n'y a pas de faux dans cette affaire, je suis sûr », m'empressai-je de lui assurer ; "J'ai pris une sympathie décisive pour Rivers, et j'ai l'intention de rester en contact avec lui, car quand il retrouvera la mémoire , je veux en savoir plus."

« Retiré de la rivière, dites-vous ?

« Oui, un remorqueur l'a récupéré, noyé et gelé, était-il censé. Il a été emmené à la morgue, et soyez bénis s'il n'a pas montré de signes de vie lorsqu'il a un peu dégelé. Alors ils se sont mis au travail, l'ont réanimé et l'ont envoyé à Bellevue où il est devenu un cas célèbre.

«Je devrais le penser. Pas de vêtements ni aucune pièce d'identité ?

« Pas un chiffon. Ou plutôt seulement quelques lambeaux de sous-vêtements, mais rien qui fût le moindre indice.

"Qu'est devenu ses vêtements?"

"Personne ne sait. Il a été retrouvé à la dérive, inconscient, apparemment mort et entièrement nu, à l'exception des fragments de sous-vêtements.

« Ces fragments ont été conservés ?

"Oh oui; mais ils ne veulent rien dire. Juste du matériel ordinaire, bon, mais rien d'individuel.

« Où a-t-il été récupéré ?

« Je ne sais pas exactement, mais pas loin de la morgue, je crois. C'était le même jour que le meurtre de Gately, c'est pour ça que je me souviens de la date. C'était une vague de froid terrible, la rivière était pleine de glace et c'est étonnant qu'il n'ait pas été tué, ni assommé.

« A-t-il été assommé ?

"Je n'en suis pas sûr, mais il était inconscient à cause du froid et de l'exposition et il a failli mourir de froid."

« Et sa mémoire maintenant ?

"Il est parfait à tous égards, sauf qu'il ne sait pas qui il est."

« Une histoire de poisson ! »

"Non; vous ne le direz pas après l'avoir vu. Quand je dis que sa mémoire est parfaite, je parle de ce qu'il a lu ou étudié. Mais ce sont ses souvenirs personnels qui lui ont disparu. Il n'a aucun souvenir de sa maison, de ses amis ou de sa propre identité.

« Ne pouvez-vous pas déduire sa profession antérieure ? »

"Je ne peux pas. Peut-être que vous le pouvez. Il sait dessiner et il sait lire, c'est tout ce que je sais.

Nous étions alors dans ma chambre, et en montant, nous trouvâmes Case Rivers déjà là qui nous attendait. J'ai déploré mon manque de rapidité, mais il a gracieusement renoncé à mes excuses.

"Tout va bien", sourit-il avec sa bonne humeur, "J'ai parcouru vos livres et j'ai passé un moment inoubliable."

J'ai présenté les deux hommes et j'ai dit à Rivers que Wise était le célèbre détective dont je lui avais parlé.

"Je suis vraiment heureux de vous connaître", a déclaré Rivers avec sérieux; « Si vous pouvez faire une petite déduction sur qui je suis, j'en aurai la plus profonde obligation. Je vous donne moi-même comme point d'écoute .

"Vous avez une photo d'Amory Manning?" » demanda brusquement Wise.

Je lui ai tendu un journal plié, dont la première page contenait un extrait de Manning et l'histoire de sa mystérieuse disparition.

Wise étudia la photo et la compara à l'homme devant lui.

« Totalement différent », dit-il, déçu.

"Pas une chance", a ri Rivers; «J'aimerais pouvoir me mettre à la place de ce type; mais voyez-vous, je viens de loin.

«Parlez-moi de votre voyage», a demandé Wise.

« Je ne sais pas grand-chose à dire », répondit Rivers ; "Mais ce que je sais, je le sais positivement, alors je vous préviens d'avance de ne pas rire de moi, car je ne le supporterai pas !"

Rivers a fait preuve d'une détermination qui m'a plu. Cela prouve que j'avais raison de lui attribuer un fort caractère. Il supporterait les plaisanteries aussi bien que tous ceux que je connaissais, mais pas au sujet de sa chute à travers la terre.

« Je ne sais pas quand ni où j'ai commencé mon voyage mémorable, mais je me souviens très bien de ma longue et sombre chute à travers la terre. Maintenant, cela semble impossible, mais je peux affirmer que je suis entré dans une sorte de pays arctique très froid, et que j'ai descendu les pieds les premiers, jusqu'à ce que je sois sorti à New York. J'ai été retrouvé, mais je ne sais pas comment je suis entré dans la rivière.

« Tu étais habillé quand tu as commencé ? »

«Je peux seulement dire que je suppose que je l'étais. Je suis un homme normal et décent, et je ne peux pas penser que je partirais consciemment pour un voyage, quel qu'il soit, déshabillé ! Mais je suis convaincu que mes déplacements dans la rivière remplie de glace ont eu un impact sur mes vêtements. Probablement, comme le raconte l'Ancien Marin, « la glace était ici, la glace était là, la glace était tout autour : elle craquait et grondait et — quelque chose ou autre — et hurlait, comme les bruits d'une plaie ». Vous voyez, je connais toujours par cœur mes « Citations familières ».

"C'est une phase étrange", et Wise secoua la tête. « Peut-être êtes-vous poète… »

"Eh bien, je n'en ai pas poétisé depuis ma recrudescence."

« Et c'est encore une chose étrange », poursuivit le détective. « La plupart des victimes d'aphasie ne se souviennent pas des mots. Vous parlez exceptionnellement couramment et semblez avoir un vocabulaire large.

"J'admets tout", et Rivers avait l'air un peu las, comme s'il en avait assez de spéculer sur son propre cas.

« Maintenant, pour changer de sujet, comment progressez-vous, M. Wise, dans votre travail actuel ? Comment se passe la traque du meurtrier ?

« Je ne l'ai pas encore eu, M. Rivers, mais nous avons pris un bon départ. Vous connaissez les détails ?

« Uniquement les articles des journaux et les informations supplémentaires que M. Brice m'a fournies. Cela m'intéresse beaucoup , car... ne le dites pas aux détectives de Gath, je crois que j'ai tendance à faire des enquêtes moi-même.

Pennington Wise sourit. « Vous n'êtes pas seul dans ce cas », dit-il d'un ton ironique, mais si bon enfant que Rivers ne s'en offusqua pas.

"Je suppose que c'est votre lumière réfléchie qui fait ressentir cela à tous ceux qui vous parlent", répliqua-t-il. "Eh bien, si tu grimpes sur une souche, appuie-toi sur moi, grand-père, j'ai presque sept ans."

Et puis nous avons tous les trois discuté de l'affaire, dans toutes ses phases, et bien que Rivers n'ait rien dit de très important, il a montré une telle compréhension intellectuelle de tout cela et a répondu si intelligemment aux théories et aux opinions de Wise que les deux sont rapidement devenus très amicaux.

L'annonce des récompenses a suscité l'enthousiasme de Rivers.

«Je vais les chercher ! » il pleure; « Tous les deux ! Avec tout le respect que je vous dois, M. Wise, je vais réduire et gagner ! Ne dites pas que je ne vous ai pas prévenu, et désormais tout ce que vous direz sera utilisé contre vous ! S'il y a une chose dont j'ai plus besoin qu'une autre, c'est dix mille dollars, je pourrais même en avoir vingt ! Alors voilà pour Rivers, le détective Swiftsure ! »

Pas du tout offensée, Penny Wise a éclaté de rire.

« Vas-y, mon garçon, cria-t-il ; « voici une bonne affaire ; vous travaillez avec moi et je travaillerai avec vous. Si nous obtenons soit Manning, soit le meurtrier, soit les deux, alors l'une ou les deux récompenses seront à vous. Je me contenterai de ce que je peux en retirer d'autre.

"Fait!" et Case Rivers jubilait. «Peut-être que Manning est le meurtrier», dit-il pensivement.

«Non», répondis-je. «Ça ne suffira pas. Manning est amoureux de Miss Raynor, et il ne mettrait pas en cause sa cause en tuant son tuteur.

"Mais Guardy n'a pas approuvé le prétendant Manning", a déclaré Rivers.

"Non; mais je connais Manning et vous pas, enfin, je ne le connais que très peu. Mais je suis sûr qu'il n'est pas homme à tirer sur un magnat de la finance et un citoyen de première classe simplement parce qu'il a désapprouvé son procès. Réessayez, Rivers.

« Très bien : ce que vous dites est valable. Mais je ne fais que commencer, tu sais. Et, au fait, je dois trouver un travail aujourd'hui, n'est-ce pas ?

Il m'a regardé d'un air interrogateur, mais Wise a répondu. « Attendez un peu, Rivers, à ce sujet. Si vous êtes d'accord, je vous enverrai une quinzaine de jours et vous pourrez m'aider. Vraiment, je le pense, car en tant qu'étranger, vous pouvez aller dans des endroits et voir des gens là où je ne peux pas montrer mon visage familier. Ensuite, lorsque vous aurez obtenu les deux récompenses, vous pourrez me rembourser mon investissement en vous. Et si vous n'arrivez pas à atteindre les dix mille, je prendrai votre note.

"Je vais y aller!" dit Rivers après un moment de réflexion. "Tu es une brique, Penny Wise!"

Un coup frappé à la porte annonça Norah, et avec elle vint Jenny Boyd. Jenny n'était pas non plus entraînée à contrecœur - elle semblait impatiente d'entrer - mais son absurde petit visage peint avait un air d'entêtement et ses lèvres rouges étaient fermées dans une moue déterminée.

"Jenny sait qui est 'The Link', et elle ne le dira pas", a déclaré Norah, comme première information.

"Oh, oui, elle le fera", et Penny Wise fit un clin d'œil à la fille. Il a vraiment fait un clin d'œil très complice, comme qui devrait dire : « On se comprend ».

Comme ils ne s'étaient jamais rencontrés auparavant, j'ai regardé comment Jenny le prendrait et, à ma grande surprise, elle avait l'air décidément effrayée.

Wise s'en aperçut aussi, — sans doute avait-il provoqué cet effet exprès, — mais en un instant, Jenny reprit son équilibre et redevint son impertinence.

«Je n'en suis pas sûre», a-t-elle déclaré, «et je ne veux donc causer des ennuis à personne en les soupçonnant.»

« Vous n'attirerez d'ennuis à personne », lui assura Wise, « à moins qu'elle ne se crée elle-même des ennuis. Jouons à un jeu, Jenny, parlons par énigmes.

Jenny le regarda avec curiosité, puis, alors qu'il souriait de manière contagieuse, elle le fit aussi.

« Maintenant, poursuivit Wise, c'est le jeu. Je ne sais pas, bien sûr, à qui vous pensez, et vous ne savez pas à qui je pense, alors nous allons jouer le jeu de cette façon : je dirai : « Je sais que c'est une femme intelligente ». .' Maintenant, vous faites une déclaration véridique à son sujet.

Captivée par ses manières, Jenny a dit, presque involontairement : "Je sais qu'elle a tort !"

"Je sais qu'elle est jolie", a déclaré Wise.

"Je sais qu'elle ne l'est pas!" claqua Jenny.

"Je sais qu'elle a les cheveux noirs, qu'elle s'habille bien et qu'elle possède une épingle à chapeau scarabée."

"Je le sais aussi", et Jenny était essoufflée d'intérêt.

"Non; ça ne marchera pas. Vous devez savoir quelque chose de différent de ce que je sais.

"Eh bien, je sais que c'est une amie de M. Rodman."

"Et de M. Gately", a ajouté Wise.

"Oh, non, monsieur, je ne pense pas!" La surprise de Jenny n'était pas feinte.

"Eh bien, je sais que c'est une fille du télégraphe."

"Oui : et je sais qu'elle a plus d'argent à dépenser que ce qu'elle gagne pour un salaire."

"Je sais que c'est une bonne fille."

« Oh, oui, monsieur, par là. Mais elle--"

"Elle fume des cigarettes."

"Oui; elle fait. Oh, je pense que c'est horrible.

« Eh bien, c'est votre tour. Tu sais qu'elle est « The Link » ?

"Je sais qu'on l'appelle ainsi, mais ce n'est pas un surnom habituel et je ne sais pas ce que cela signifie."

"Où est-elle?"

"Son travail, tu veux dire?"

"Oui; elle est dans le bureau de l'entreprise,—— » Ici, Jenny murmura l'adresse à Wise.

"Bonne fille", commenta-t-il. « Gardez-le dans l'obscurité. Inutile de le dire à tous ces gens ! »

Il s'est tourné vers mon téléphone, puis m'a dit : « Non, Brice, tu le fais. Appelez le quartier général et dites au chef d' arrêter. Quel est son nom, Jenny ?

"Je... je n'ai rien dit, monsieur." La prudence de la jeune fille revenait.

"Dites maintenant, alors", ordonna Wise. « Je sais, de toute façon. Cela commence par S. »

"Son prénom , oui, monsieur."

« Et le nom de famille avec K. Tu vois, je sais ! Alors, finissons-en ! »

"Sadie Kent", murmura Jenny, ses nerfs commençant à s'effondrer en réalisant ce qu'elle avait fait.

"Oui bien sûr. Sadie Kent. Vas-y, Brice. Réparez tout cela et allez vous-même au bureau télégraphique. Rencontrez les officiers là-bas. Dépêchez-vous ! »

J'ai trottiné. Le bras fort de la loi agit rapidement lorsqu'il le souhaite. En moins d'une demi-heure, Sadie Kent a été arrêtée sous sa clé au bureau du télégraphe, accusée d'avoir volé des télégrammes confidentiels envoyés par des fonctionnaires de Washington à des usines de munitions et à des compagnies maritimes et de les avoir livrés à des personnes dont elle savait qu'elles les transmettraient au ministère allemand des Affaires étrangères.

Lorsqu'on l'a approchée, la jeune fille, ou plutôt la femme, a fait un bluff audacieux, mais cela n'a servi à rien. Elle a été placée en garde à vue et tous ses appels à la grâce ont été rejetés. Tous sauf un. Elle supplia si fort de pouvoir téléphoner à sa mère que Hudson, qui était présent, s'adoucit.

« Vous ne pouvez pas, ma dame, » dit-il, « mais je le ferai pour vous. M. Brice, maintenant, peut-être qu'il le fera.

"Oh, si tu voulais être si gentil", et la belle brune, car c'était elle, m'a lancé un regard reconnaissant. «Appelez simplement le 83649 Greenwich Square et demandez Mme Kent. Alors dis-lui, s'il te plaît, que—que je ne serai pas à la maison ce soir. C'est tout."

Sa voix se brisa et elle sanglota doucement dans son mouchoir.

Ils l'ont emmenée et détenue en attendant l'évolution de la situation. J'ai passé l'appel et donné le message exactement comme elle me l'avait demandé. Une voix agréable a répondu, disant que l'oratrice était Mme Kent, et elle m'a remercié de l'avoir envoyé.

Je me dépêchai de regagner mes chambres. Wise et Rivers étaient toujours là mais Norah et Jenny étaient parties. A peine avais-je enlevé mon manteau que Zizi arriva en trombe.

« Oh, tout le monde, s'écria-t-elle dans un tourbillon d'excitation, Olive est partie ! Elle a été kidnappée ou enlevée ou quelque chose du genre. Un message téléphonique est arrivé et elle s'est envolée, n'en parlant à personne d'autre qu'à Mme Vail et lui disant de ne rien dire ! »

"Où est-elle allée?" J'ai pleuré en me remettant dans mon manteau.

"Personne ne sait. Je n'ai réussi à l'obtenir de Mme Vail que tout à l'heure, et seulement en la menaçant de toutes sortes d'horreurs si elle ne me le disait pas. Elle ne sait pas où est allée Olive, personne ne le sait, mais celui qui a téléphoné a dit qu'il avait Amory Manning avec lui, juste pour quelques instants et qu'elle vienne immédiatement si elle voulait le voir. Une voiture viendrait la chercher à quatre heures précises, et elle monterait sans poser de questions. Et elle l'a fait – et elle a dit à Mme Vail que dès qu'elle arriverait chez M. Manning , elle lui rappellerait – dans environ quinze minutes. Et maintenant, cela fait plus d'une heure ! et aucun mot d'elle ! Cette stupide vieille femme se promène de long en large et se tord les mains !

«Je devrais penser qu'elle le ferait! Dans quelle direction devons-nous regarder, Wise ? »

"Je ne sais pas, j'en suis sûr!" et pour une fois, le détective ingénieux était absolument perdu.

« Oh, Penny Wise », et Zizi fondit en larmes, « si *tu* ne sais pas quoi faire, personne ne le sait ! Olive sera tuée ou détenue contre une rançon ou quelque chose d'horrible ! Que *pouvons* -nous faire?"

Mais le silence sourd qui s'est abattu sur nous tous a prouvé que personne présent n'était en mesure de proposer la moindre suggestion.

CHAPITRE XIII
L'aventure d'Olive

"Donnez-moi un mouchoir, quelqu'un!" ordonna Zizi, et non sans raison, car son propre petit morceau de batiste n'était qu'une boule mouillée, qu'elle tamponnait en vain dans ses grands yeux noirs.

Je me précipitai dans ma chambre et attrapai à la hâte un nouveau mouchoir dans un tiroir que j'apportai à la jeune fille excitée.

« Merci », dit-elle en le saisissant et en le manipulant avec diligence ; « Maintenant, les hommes, il faut s'occuper ! Il est cinq heures passées, Olive est partie avant quatre heures, il lui est peut-être arrivé quelque chose, il *faut* la secourir !

"Nous allons!" s'exclama Case Rivers, montrant plus d'énergie que je ne pensais qu'il en possédait. « Et « The Link », M. Brice ? »

Aussi vite que possible, j'ai détaillé ce qui s'était passé au bureau télégraphique, où Sadie Kent avait été arrêtée par les hommes d'Hudson.

"Est-ce qu'elle est partie tranquillement?" » a demandé Penny Wise.

"Elle n'a pas!" Je suis rentré; « Elle s'est battue avec acharnement, a arraché beaucoup de papiers dans un tiroir du bureau et s'est jetée sur les policiers comme un chat tigre ! Elle a essayé de mordre Hudson, et pourtant, c'est lui qui l'a gentiment laissé téléphoner à sa mère.

"Quoi!" s'écria Rivers, "il l'a laissée faire ça !"

« Je l'ai fait moi-même, vraiment », dis-je; et j'ai raconté comment Sadie avait demandé ce privilège.

"Te voilà!" » Rivers a dit positivement. « Ce message téléphonique n'était pas destiné à sa mère !

"Mais je l'ai appelée", ai-je expliqué, "et elle a dit qu'elle était Mme Kent."

« C'est peut-être le cas », et Rivers secoua la tête; « Mais, ne voyez-vous pas, c'était un appel codé, un avertissement. La personne qui l'a reçu, mère ou grand-mère, a compris l'état des choses et a mis en marche la machinerie qui a abouti à l'enlèvement de Miss Raynor.

"Pourquoi?" Ai-je demandé, sans rien dire.

« Une vengeance, probablement, mais il se peut qu'il y ait d'autres méchants en marche. Ai-je raison, M. Wise ?

« Oui, et très vif d'esprit. Ensuite, la prochaine étape consiste à aller chez la « mère ».

« Oui, si nous pouvons le retrouver. Il peut s'agir d'un appel dans un appel ; Je veux dire, le numéro obtenu par M. Brice n'est peut-être qu'un intermédiaire… un lien… »

« Essayez quand même », implora Zizi ; « chaque minute est précieuse. J'ai tellement peur pour Miss Olive. Vous savez, elle est courageuse, elle ne se soumet pas facilement à la contrainte, et vous ne savez pas ce qu'ils pourraient lui faire !

« Obtenez d'abord des informations », m'a ordonné Wise, alors que je me dirigeais vers le téléphone. « Trouvez l'adresse du numéro que vous avez appelé. Tu t'en souviens?"

"Oui; bien sûr." Et quelques instants plus tard , j'appris que la maison se trouvait à Washington Square.

"Prends un taxi", dit Zizi, enfilant déjà sa longue cape noire, qui tournoyait autour de la silhouette élancée alors qu'elle jetait une extrémité sur son épaule.

Elle se dirigea vers un miroir et tamponna son petit nez droit avec une houppette tout en parlant.

« Nous irons tous là-bas et je ne pense pas que nous devrons chercher plus loin. Miss Olive est là, j'en suis sûr ! Tenu par l'ennemi ! Mais elle est partante, et je ne crois pas que nous arriverons trop tard si nous nous bousculons comme un feu de camp !

Et ainsi, avec la plus grande vitesse compatible avec la sécurité, nous avons roulé jusqu'à la maison de Washington Square.

L'appartement du Kent était au troisième étage, et alors que Zizi montait les escaliers en courant, sans attendre l'ascenseur, nous, trois hommes, la suivions.

La sonnerie de Zizi a amené à la porte une femme d'âge moyen qui nous a regardé d'un air plutôt vide.

J'allais parler, quand Zizi, se glissant dans sa petite personne par la porte entrouverte, dit doucement :

"Nous avons un message de 'The Link'."

Cela a agi comme par magie et le visage de la femme s'est transformé en une expression de bienvenue et d'anxiété sérieuse alors que nous entrions tous.

C'était plutôt un appartement prétentieux, avec un mobilier raffiné et richement décoré. Nous n'avons vu personne à part la femme qui nous a admis et n'avons entendu aucun bruit provenant des autres pièces.

"Vous vous y attendiez?" et l'air de compréhension secrète de Zizi était parfait.

"Je m'attendais à quoi ?" » dit brusquement Mme Kent, car elle était apparemment sur ses gardes.

"L'arrestation de Sadie", et les yeux noirs de Zizi se plissèrent alors qu'elle regardait l'autre attentivement.

Mais la femme ne devait pas se laisser piéger. Elle nous regarda tour à tour et sembla conclure que nous n'étions pas des visiteurs amicaux malgré les prétentions de Zizi.

«Je ne sais rien d'une arrestation», dit-elle d'un ton égal; "Je pense que vous vous êtes trompé de maison."

"Je ne pense pas", et Penny Wise la regarda sévèrement. « Votre bluff ne fonctionnera pas, madame, — Sadie, « The Link », est arrêtée et la partie est terminée. Répondrez-vous aux questions ou attendrez-vous que vous soyez également arrêté ? »

«Je n'ai rien à dire», marmonna-t-elle, mais sa voix tremblait et son courage l'abandonnait. Par inadvertance, elle jeta un coup d'œil vers la porte fermée de la pièce voisine, et les yeux vifs de Zizi suivirent ce regard.

« Est-ce que Miss Raynor est là ? elle s'est jetée si vite que Mme Kent a eu le souffle coupé. Mais elle reprit aussitôt son calme et dit : « Je ne sais pas ce que vous voulez dire, je ne connais aucune Miss Raynor.

"Oh, mais, mais !" et Zizi lui sourit ; « Ne raconte pas d'histoires coquines ! Eh bien, j'entends la voix de Miss Raynor !

Elle ne le fit pas du tout, mais tandis qu'elle écoutait, la tête penchée d'un côté, comme un oiseau grivois, le visage de Mme Kent exprimait la peur, et elle écoutait aussi.

Un cri étouffé se fit entendre, pas fort, mais clairement un appel à l'aide.

Sans autre pourparlers, Rivers se précipita vers la porte et, bien qu'elle soit verrouillée, il fracassa le panneau plutôt fragile et les vieilles charnières cédèrent.

Là, dans la pièce voisine se trouvait Olive Raynor, un mouchoir noué sur la bouche et les yeux en colère brillant de rage.

George Rodman lui tenait le bras, qui essayait visiblement de l'intimider, mais sans succès complet.

Zizi vola aux côtés d'Olive et arracha le mouchoir.

Rodman était parfaitement cool. « Laissez cette dame tranquille », dit-il ; "c'est ma fiancée."

"Grand-mère fiancée!" rétorqua Zizi. "Vous ne pouvez pas oublier ça, M. Rodman!"

"Sauve-moi!" » Dit Olive, regardant tour à tour Penny Wise et moi. Son regard tomba sur Rivers, mais revint vers moi, alors que son visage prenait un air d'agonie.

Je ne comprenais pas très bien, car elle devait savoir qu'avec nous tous là, son danger était passé.

"Es-tu sa fiancée ?" » Case Rivers a dit sans détour.

"Non!" Olive répondit d'un ton indigné ; "jamais!"

"Alors——" et Rivers semblait sur le point de retirer de force la main de Rodman du bras d'Olive, mais Rodman lui-même prit la parole :

"Un instant, s'il te plaît," dit-il doucement, et se penchant, il murmura à l'oreille d'Olive.

Elle devint d'une blancheur mortelle, ses lèvres tremblaient et elle semblait sur le point de tomber. Quels que soient ces brefs mots, ils provoquèrent un merveilleux changement dans l'attitude de la jeune fille. Elle perdit son air de colère provocante et apparut comme une victime impuissante et désespérée de l'homme qui la tenait.

"Es-tu fiancé à moi?" » dit Rodman en regardant Olive avec un air renfrogné menaçant.

"Oui", réussit-elle à murmurer, mais son visage était si angoissé qu'il était palpable qu'elle parlait sous la contrainte.

Je ne savais pas quoi faire ; Wise aussi avait l'air déconcerté, mais Rivers, bien qu'étranger à Olive, semblait imprégné d'une irrésistible chevalerie, et se rapprochant d'elle, il dit :

« Est-ce que cet homme vous oblige à dire cela contre votre volonté ?

La poigne de Rodman se resserra sur le bras d'Olive, et son visage sombre regarda sévèrement le sien. Elle ne répondit rien, mais son regard pitoyable ne montrait que trop clairement que l'hypothèse de Rivers était correcte.

Et pourtant, que pourrions-nous faire ? Olive avait acquiescé à l'affirmation de Rodman et nous pouvions difficilement exiger une fille de son fiancé.

Zizi a maîtrisé la situation en disant triomphalement : « Nous avons 'The Link !' Elle est en état d'arrestation !

"Quoi!" s'écria Olive, puis, laissant tomber son bras, Rodman se tourna vers elle :

"Là!" s'écria-t-il, « ton secret est dévoilé ! À moins que… » Il fit un geste comme pour passer son bras autour de elle.

Avec un cri de répulsion, Olive recula devant lui, et son visage montra qu'elle préférait son attitude menaçante à son attitude attachante.

"Vous laissez cette dame tranquille, à moins qu'elle ne désire votre attention", a déclaré Rivers, son désir inné de protéger une femme en détresse se manifestant dans son empressement réprimé à s'en prendre à Rodman.

« Vous vous occupez de vos propres affaires ! » » cria Rodman avec colère, en étendant son bras et en attirant Olive vers lui. "Tu es à moi, maintenant, n'est-ce pas, chérie?"

Le dégoût sur le visage de la jeune fille et le rétrécissement de sa forme alors qu'elle essayait de s'éloigner du visage moqueur si proche du sien étaient trop pour Rivers. Il a adopté une attitude menaçante et a dit : « Retirez vos mains de cette dame ! Elle ne veut pas… »

Par défi, Rodman rapprocha Olive, et levant la tête baissée, il était sur le point d'embrasser son beau visage en colère, lorsqu'elle poussa un cri désespéré.

C'était le match à la poudrière !

Incapable de se retenir plus longtemps, Rivers bondit en avant et arracha Olive de l'emprise de Rodman.

Avec un grognement, Rodman se jeta sur Rivers, qui l'arrêta adroitement avec un uppercut. Rodman est revenu avec un face-à-face fracassant et Rivers a répondu de la même manière.

Zizi, qui s'était envolée aux côtés d'Olive et la calmait tendrement, regardait les deux hommes, essoufflée. Quelque chose de sauvage dans sa nature réagissait au combat, et elle rougit et pâlit alternativement tandis que l'un ou l'autre des hommes en colère semblait avoir le dessus.

Olive cacha son visage dans ses mains, ne voulant pas regarder, mais Zizi était dans le combat, cœur et âme.

C'était du donnant -donnant, avec une telle rapidité que je tremblais pour la sécurité de Rivers. Rodman était un adversaire redoutable, et bien plus lourd que l'homme décharné qui rencontrait et rendait ses coups.

Mais Rivers était habile et compensait par la technique ce qui lui manquait en force.

La lutte était si désespérée, les deux hommes étaient si aveuglément furieux, que Pennington Wise et moi avions peur des résultats. D'un élan simultané, nous nous précipitâmes pour séparer les combattants, mais nous fûmes obligés de reculer rapidement pour nous épargner la pluie des coups.

Je n'avais jamais vu un combat aussi sauvage et débridé compressé en si peu de temps, et je me demandais ce qu'avait été Rivers en termes de combat avant de perdre son identité.

Le combat et la boxe n'avaient jamais été pour moi des divertissements favoris, mais ce concours m'absorbait. C'était primitif, instinctif, la rage de Rodman opposée à l'indignation colérique de Rivers.

Je ne considérais pas ce dernier comme un faible, mais je ne le considérais pas non plus comme un homme fort, et j'aurais dû juger que dans un combat avec Rodman, il aurait sombré.

Mais ce n'est pas le cas ; sa silhouette maigre et décharnée était pleine de force latente, ses poings osseux pleins de dextérité.

Il s'élança, recula, esquiva, avec la rapidité fulgurante d'un combattant entraîné. Il a fait preuve de connaissances et de compétences qui m'ont étonné.

Rodman, lui aussi, s'est battu pour tout ce qu'il valait, mais il m'a impressionné comme n'étant pas un combattant expérimenté et pas juste.

Wise, lui aussi, regardait Rivers avec émerveillement et admiration, et il gardait également son regard alerte sur Rodman.

Fascinés, nous avons vu Rodman décrocher, et Rivers avec un sourire, presque méprisant, l'a rejeté. Puis Rodman, hurlant comme un taureau en colère, se précipita de front sur Rivers, qui esquiva soigneusement, laissant son antagoniste furieux l'avoir sur le côté de la tête.

Même cela n'a donné aucun sens à Rodman, et il était sur le point de replonger, quand Wise, voyant une opportunité, dit :

"Maintenant, Brice!"

En m'élançant, j'ai passé mon bras autour du cou de Rivers et je l'ai éloigné de Rodman, qui se débattait maintenant, à moitié épuisé, dans la poigne de Wise.

"Laisse tomber, Rivers!" J'ai pleuré sévèrement; "que veux-tu dire?"

Il m'a regardé fixement, ne sentant pas ce que je disais, puis, Rodman, se déchaînant, s'est jeté sur lui comme un fou, Rivers s'est glissé hors de mon étreinte et a attrapé l'autre d'un coup fracassant à l'oreille. Ceci, atterrissant juste au moment où Rodman était déséquilibré suite à sa rupture avec Wise, le fit pivoter et l'envoya vers le bas avec un fracas qui lui fit perdre tout combat, et il ne fit qu'une tentative sans enthousiasme pour se relever.

Satisfait, Rivers s'est tourné vers moi, puis, avec un regard à moitié désolé à Olive, a murmuré : « Désolé ! Je n'ai pas pu m'en empêcher, Miss Raynor. Brute!"

Le dernier fut adressé à son ennemi tombé au combat et fut accueilli par un regard vindicatif, mais sans autre réplique.

Rodman, cependant, se ressaisissait et nous étions d'accord quant à notre prochaine procédure, qui consistait à éloigner Olive Raynor de cette maison.

« Battez-le », a décrété Wise ; « Vous êtes un bon monsieur Rivers ! Je vous tire mon chapeau. Maintenant, si vous êtes en forme et que vous en avez l'air, vous et M. Brice pourriez-vous ramener Miss Raynor à la maison, et je resterai ici pour régler ce petit problème. Sautez avec eux, Ziz ; Je vous rejoindrai tous à la maison dès que possible.

Le taxi fidèle attendait, Rivers et moi avons fait monter les deux filles et les avons suivies. Rivers était très calme et semblait préoccupé. Il ne ressemblait pas du tout à un conquérant, et je devinais que le combat avait réveillé une certaine corde sensible du souvenir, et qu'il luttait maintenant avec sa mémoire perdue. En silence, nous sommes rentrés chez nous pendant la majeure partie du chemin.

Mais avant que nous arrivions à la maison, il chassa sa rêverie d'un geste impatient qui disait, aussi clairement que des mots auraient pu le faire, qu'il n'avait pas réussi à saisir le fil insaisissable qui le liait au passé et qu'il était revenu au passé. présent.

Olive le vit aussi et, tendant la main, dit franchement :

«Je vous dois une profonde gratitude, M. Rivers. Je suppose que je ne courais aucun danger réel, avec vous, mais je dois avouer que j'étais heureux que ce misérable soit puni.

Son joli visage brillait d'une juste indignation, et le petit visage impertinent de Zizi montrait une profonde satisfaction.

« Vous le lui avez donné en bonne et abondance, M. Rivers », a-t-elle chanté ; "C'était un régal de te voir lui mettre tout ça sur lui ! Maintenant que vous l'avez assommé physiquement, Penny Wise va nettoyer le sol avec lui mentalement et moralement ! Que vous a-t-il fait, Miss Olive ? Pourquoi t'a-t-il fait dire que tu étais sa copine ?

L'expression d'agonie revint sur le visage d'Olive, comme si elle venait de se rappeler ce que l'homme lui avait dit.

« Il m'a menacée, dit-elle lentement ; « avec une terrible menace ! Je ne peux pas y penser ! Oh, je ne sais pas quoi faire ! Je ne peux pas le dire… je ne peux le dire à personne… »

« Attendez de rentrer à la maison », lui ai-je conseillé, et Rivers a ajouté : « Et attendez que M. Wise arrive. C'est à lui qu'il faut en parler et il vous conseillera. Mais, dis-je, on y arrive, hein, Brice ? « The Link » en état d'arrestation, Wise sur Rodman, et il ne le lâchera pas non plus, et Miss Raynor en sécurité, — ouf ! J'ai l'impression que nous devrions simplement aller de l'avant maintenant ! »

" Bien sûr que nous le ferons!" » déclara Zizi, son petit visage rayonnant d'impatience. « Cela ne vous dérange pas. Mademoiselle Olive, ma chère ; quelles que soient les menaces de cet homme, Penny Wise s'occupera de lui.

«Mais…» commença Olive, puis elle s'arrêta, car nous étions arrivés chez elle.

« Oh, mon enfant chéri », s'est exclamée Mme Vail alors que nous entrions, « où étais-tu ? Je suis presque devenu fou ! »

Je pense que nous avons tous ressenti un soudain pincement de honte, car aucun de nous n'avait pensé à soulager le suspense de la pauvre dame quant au sort d'Olive ! Nous aurions au moins dû téléphoner. Mais elle était maintenant souriante et heureuse du retour sain et sauf de son protégé et désireuse de connaître tous les détails de l'aventure.

Olive et Zizi sont parties avec Mme Vail, qui bavardait avec volubilité, et je suis resté seul avec Rivers.

« Le combat, pour lequel je vous félicite, a rappelé un vieux souvenir ? Dis-je d'un ton interrogateur.

"Pour quelques instants, oui;" » revint-il, l'air profondément pensif. «Mais c'était à la fois vague et évanescent, je n'arrivais pas à comprendre. Oh!" et il fit un geste d'impatience, « c'est exaspérant ! J'ai l'impression d'être sur le point d' en retrouver un souvenir complet, et puis tout cela a encore disparu, et mon esprit est dans un vide positif à ce sujet. Mais ça ne sert à rien de s'inquiéter, Brice, » et il parla joyeusement, « je suis sûr que ça viendra un jour. En attendant, je serai Case Rivers, et si je meurs sous ce nom, j'essaierai au moins de ne pas le déshonorer.

« Vous ne l'avez pas déshonoré aujourd'hui », dis-je chaleureusement. « Vous avez mené un combat de première classe et pour une juste cause. »

« Je ne pouvais pas supporter de voir Miss Raynor intimidée par cette brute », répondit-il simplement, « et puis aussi, j'ai ressenti un antagonisme naturel à son égard pour mon propre compte. Non, » alors que je commençais à parler, « je sais ce que vous allez dire, et je ne pense pas que je l'ai connu avant de perdre la mémoire. Peut-être que je l'ai fait, mais ce n'est pas cela qui m'a fait réfléchir. C'était autre chose, une autre impression, qui m'a fait évoquer une fraction de réminiscence de quelque chose, oh, je ne sais pas quoi, mais je vais prendre cela comme un présage de bonne fortune future.

CHAPITRE XIV

Où se trouve Manning ?

« Vous devez rester pour le dîner », dit une voix s'exprimant depuis l'ombre à l'autre bout de la longue pièce.

Tandis que je regardais vers elle, le petit visage blanc de Zizi brillait entre les portières , et l'instant d'après elle se glissa à travers et se trouva à mes côtés.

«Mlle Raynor le dit, et Mme Vail ajoute son invitation. Ils garderont Penny Wise à son retour, et Miss Raynor… »

"Mlle Raynor souhaite remercier M. Rivers pour son bon travail", et Olive elle-même a suivi les traces de Zizi. Elle souriait maintenant, mais ses lèvres tremblaient et ses yeux montraient des larmes contenues.

«Rien de quoi me remercier», répondit rapidement Case Rivers, «au contraire, je tiens à m'excuser pour une telle démonstration de colère devant une dame. Mais j'avoue que j'ai perdu tout contrôle de moi-même quand j'ai vu cette brute vous intimider. Si vous m'absoudez de toute offense, je suis vraiment content de l'avoir fait ! Et vous faites?"

"Oui en effet!" et le regard franc d'Olive était sincère mais triste aussi. "J'avais terriblement peur, et je le suis toujours."

"Pourquoi?" s'écria brusquement Rivers, puis il ajouta, "mais je n'ai pas le droit de demander."

"Oui, tu l'as fait," lui assura Olive, "mais… je n'ai pas le droit de te le dire. M. Rodman brandit une menace au-dessus de ma tête, et… et… »

À ce moment-là, Wise arriva et Mme Vail entra dans la pièce avec lui.

Olive l'accueillit avec joie, puis, le dîner étant annoncé, nous nous rendîmes tous à la salle à manger.

"Pas de discussion sur nos affaires importantes pendant que nous mangeons", a ordonné Wise, et nous avons donc profité de l'occasion comme s'il s'agissait d'une affaire sociale.

La conversation était intéressante, car Pennington Wise était un homme bien informé et un bon *conteur* ; Rivers s'est montré très amusant et intelligent en matière de répartie ; et même si Olive était très calme, Mme Vail entretenait un bavardage amusant, et Zizi était elle-même une elfe et lançait des bribes de ses conversations étranges à intervalles réguliers.

Nous sommes retournés à la grande bibliothèque pour prendre un café, puis, presque brusquement, Wise a commencé à interroger Olive sur son aventure de cet après-midi.

"M. Rivers avait tout à fait raison », a-t-il déclaré, « en supposant que l'appel téléphonique envoyé par Sadie Kent à sa « mère » était une ruse. C'est très intelligent de votre part, » il se tourna vers Rivers, « et cela a conduit à l'arrestation de Rodman. La femme appelée Mme Kent n'est pas la mère de Sadie, mais une compagne du crime. Pour Sadie, « The Link » est criminel et profond ! Mais d'abord, Miss Raynor, racontez-nous votre histoire.

«Quand j'ai répondu à l'appel téléphonique», a commencé Olive, «une voix d'homme a dit, plutôt brusquement: 'Nous avons Amory Manning ici. Si vous voulez le voir, venez ici tout de suite. J'ai dit, bien sûr, j'étais terriblement excité : « Où es-tu ? qui es-tu?' La voix répondit : « Peu importe tout ça. Vous devez prendre une décision rapide. Si vous voulez voir Manning, un taxi vous appellera dans cinq minutes. Ne le dites à personne, ou vous serez bizarre pendant tout le match. Êtes-vous d'accord ? Je ne donnerai peut-être pas ses mots exacts, mais c'était son sens général. Je devais réfléchir rapidement ; Je *voulais* voir M. Manning et je ne craignais aucun mal. Alors j'ai dit que j'acceptais toutes les stipulations, que je n'en parlerais à personne et que je monterais dans le taxi qui viendrait me chercher.

"Mais vous me l'avez dit " , intervint Mme Vail, qui aimait sentir son importance.

« Oui, reprit Olive, j'ai senti que je devais laisser un mot, car j'avais le sentiment inquiet que tout n'allait pas bien. Si Amory Manning était là, pourquoi ne s'est-il pas téléphoné ? Mais, pensai-je, il se pourrait bien — en fait, je pensais qu'il l' était — retenu contre rançon, et dans ce cas, j'étais prêt et disposé à la payer. Alors, je n'ai rien dit à Zizi, car je savais qu'elle le dirait…
»

"Ouah! Oui!" venait du coin de Zizi, où elle était assise sur un pouf bas.

« Et donc, j'y suis allé seul. Le taxi était au bord du trottoir quand j'ai quitté cette maison. Je suis entré et j'ai été emmené à la maison de Washington Square. Je n'ai ressenti aucune peur jusqu'à ce que, après que Mme Kent m'ait admis, elle m'ait fait entrer dans une pièce où je me suis retrouvé confronté à M. Rodman. Mme Kent est restée avec moi, mais j'ai tout de suite vu qu'elle n'était pas amicale.

« 'Où est M. Manning ?' J'ai demandé. M. Rodman a seulement ri grossièrement et a dit qu'il n'en avait pas la moindre idée. Et puis j'ai su que tout cela n'était qu'un piège, mais je ne savais pas *pourquoi* j'avais été trompé là-bas. Et puis," Olive fit une pause, et une profonde rougeur apparut sur son visage, mais elle secoua la tête et continua courageusement, "puis il a essayé de me faire l'amour. J'ai fait appel à Mme Kent, mais elle s'est contentée de rire avec mépris de ma détresse. Il a dit que si je l' épousais, il me protégerait de tout soupçon d'être impliqué dans… la mort de mon tuteur ! Bien sûr, cela ne m'a pas fait peur, et je lui ai dit que personne ne me soupçonnait désormais. Puis il a abandonné cette argumentation et m'a dit que si je ne l'épousais pas, il le ferait... oh, cette partie-là, je ne peux pas le dire !

"Chantage!" dit Wise en la regardant attentivement.

« Oui, » répondit-elle, « et c'était une terrible menace ! Puis il a vu que j'étais indigné et que je ne devais pas me laisser intimider – oh, j'ai fait semblant d'être beaucoup plus courageux que je ne l' étais en réalité – et il a commencé à parler plus poliment et très sérieusement. Il a dit que si je rappelais M. Wise et ne faisais aucun effort supplémentaire pour retrouver le meurtrier de mon oncle, il me renverrait chez moi sain et sauf et ne me harcèlerait plus. Je ne serais pas d'accord avec cela ; puis il est redevenu laid, il s'est mis en colère, et… oh ! il parlait horriblement ! Olive frémit à ce souvenir et ses lèvres tremblèrent.

Avec une vive sympathie, Zizi quitta sa place sans bruit et, s'agenouillant aux côtés d'Olive, lui prit la main. Avec un regard reconnaissant aux petits doigts réconfortants caressant les siens, Olive poursuivit :

« Il a pris d'assaut et m'a menacé, et cette femme du Kent s'est jointe à lui et a dit des choses terribles ! Et j'avais tellement peur que je ne pouvais plus prétendre que je ne l'étais plus , et je ne savais pas quoi faire ! Et puis la cloche a sonné, et Mme Kent s'est dirigée vers la porte, et comme j'avais l'air plein d'espoir, — je suppose, car j'appréciais l'idée que quelqu'un vienne, — M. Rodman m'a jeté un mouchoir autour de la bouche et l'a attaché derrière ma tête. « Voilà, ma dame, dit-il, vous ne crierez pas à l'aide aussi vite que vous l'aviez prévu ! Et je ne pouvais pas émettre de son ! Puis, quand j'ai entendu des voix familières, celles de Zizi et de M. Wise, j'ai su que je *devais* me faire entendre, et avec un effort désespéré, j'ai poussé un gémissement ou un cri pour demander de l'aide, bien que cet horrible homme se tenait au-dessus de moi, la main levée. pour me frapper !

« Pauvre chérie ! » s'écria Mme Vail en passant son bras autour d'Olive, c'était effrayant ! Eh bien, une fois que j'ai entendu parler d'un cas pareil – non, je l'ai lu dans un livre – et la jeune fille s'est évanouie !

"Eh bien, je ne me suis pas évanoui, mais je me suis presque effondré de peur de ne pas pouvoir émettre un son assez fort pour être entendu par vous."

"Oh, nous arrivions!" dit Zizi, "J'ai vu à la tête de la vieille poule qu'elle t'avait enfermé là-dedans, et j'allais crier moi-même, si M. Rivers n'avait pas enfoncé la porte comme il l'a fait."

"Je n'ai pas pu me retenir", a déclaré Rivers, "j'ai cédé à une impulsion aveugle et je suis content de l'avoir fait!"

"Je suis contente aussi," et Olive lui fit un sourire reconnaissant.

"Mais ensuite, s'écria Zizi, il t'a fait dire que tu étais fiancée à lui..."

"Oui", et Olive pâlit comme de peur. "Je ne peux pas en parler——— "

"Vous avez dit que vous ne l'étiez pas, puis il vous a chuchoté, et ensuite vous avez dit que vous l'étiez", poursuivit Zizi, passant en revue la scène sans remords.

« Je le sais, mais… oh, ne me demandez pas ! Peut-être que je le dirai plus tard, s'il le faut, mais je ne peux pas, je ne peux pas.

La tête d'Olive tomba sur l'épaule de Zizi, et la petite voix étrange dit : « Là, là, ne parlez plus maintenant, Miss Olive, ma chérie. Penny Wise, poursuivez la conversation à partir de ce point.

« Très bien, » dit Wise, « je vais raconter mon histoire. George Rodman est entre les mains de la police, mais je doute fort qu'elle puisse prouver quoi que ce soit sur lui. C'est une proposition sournoise et il brouille très bien ses traces. De plus, quant au meurtre de M. Gately, Rodman a un alibi parfait.

"Vos premières leçons de détective disent toujours : 'méfiez-vous de l'alibi parfait'", murmura Zizi, sans lever les yeux de son occupation de lisser les cheveux légèrement bandés d'Olive.

« Oui, des fabriqués. Mais dans ce cas, cela ne semble pas poser de questions. Un détective fédéral, qui surveillait Rodman depuis un certain temps, se trouvait dans le bureau de Rodman au moment même où M. Gately a été tué.

« Mais M. Rodman est descendu dans le même ascenseur que moi, peu après la fusillade », me suis-je exclamé.

"Combien de temps après?"

« Moins d'une demi-heure. Et Rodman est monté au septième étage.

« Ce n'est pas grave, l'homme de l'Office fédéral le sait. Ils descendirent ensemble du dixième, l'étage de Rodman, jusqu'au septième, puis après avoir soigné quelque chose là-bas, Rodman descendit seul.

"Très bien", dis-je, car je savais que Wise et le détective fédéral n'étaient pas dupés par un quelconque George Rodman !

« Et voici la situation », poursuivit Wise ; « Sadie Kent est une espionne du télégraphe allemand. Elle est appelée « Le lien » parce qu'elle a été un maillon important du système d'espionnage allemand. Employée de confiance et opératrice experte de longue date, elle a volé des informations contenues dans des centaines de télégrammes et les a transmises à un homme qui les a transmises à Berlin par une voie de communication secrète. Un télégramme a été envoyé à Washington demandant un mandat présidentiel pour la détenir jusqu'à ce que l'affaire puisse faire l'objet d'une enquête. C'est aussi un grand chat sauvage emphatique ! Elle mord et gratte avec une férocité féline et est soumise à des restrictions strictes et prudentes.

« Et c'est elle, dis-je, dont nous avons appris l'identité grâce à Jenny… et… oh, oui, dont vous avez deviné l'identité, M. Wise, à partir de quelques mégots de cigarettes, et… »

"Oh, je dis," m'interrompit brièvement Wise, "nous devons obtenir la vérité d'elle par des quiz, pas par des indices. Nous l'avons arrêtée maintenant, et… »

Olive remua avec inquiétude, et Zizi, après un regard rapide et intelligent à Wise, auquel il répondit par un signe de tête, se leva et exhorta Olive à se lever et à l'accompagner.

« Vous êtes toutes partantes, Miss Olive, » dit-elle doucement, « et je vais vous emmener dormir. Dites bonsoir à ces gentils messieurs et venez avec votre Zizi-zoo. Upsy-diddy , maintenant », et en souriant, Zizi a persuadé Olive de l'accompagner. "Vous venez aussi, Mme Vail", a ajouté Zizi, à cause, j'ai remarqué, d'un signe de tête presque imperceptible de Wise en direction de la dame âgée. "Nous ne pouvons tout simplement pas nous entendre sans vous."

Satisfaite de la nécessité flatteuse de sa présence, Mme Vail quitta la pièce avec les deux filles. «Je reviendrai», nous a-t-elle appelé en quittant la pièce.

« Elle ne le fera pas », dit Wise d'un ton décidé, après que le bruit des pas se soit calmé, « Zizi veillera à cela. Maintenant, Brice, j'ai de nouvelles informations importantes. Je ne voulais pas le divulguer devant Miss Raynor, ce soir, car elle a enduré tout ce qu'elle pouvait supporter aujourd'hui. Mais on dirait que Sadie Kent a vendu ses télégrammes volés à Rodman, et il… tu ne peux pas deviner ?

"Non", ai-je dit d'un ton neutre, et Rivers a répondu: "Dites-nous."

"Eh bien, je crois qu'il les a remis à Gately."

« Gately ! Amos Gately mêlé à des affaires d'espionnage ! Mec, tu es fou !

«C'est fou, alors! N'avons-nous pas la preuve positive que Sadie Kent se trouvait dans le bureau de Gately le jour où il a été tué ?

"Comment?" Dis-je, étonné. « Est-ce qu'elle l'a tué ?

« Seigneur, non ! Mais ne l'ai-je pas évaluée à l'aide d'une épingle à chapeau ? et votre copine n'a-t-elle pas tracé le papier poudré ? et n'avons-nous pas vu des mégots de cigarettes avec le monogramme SK, — dans le bureau privé de M. Gately, — et ses propres mégots de cigares là aussi, comme si elle avait été là dans une conversation intime !

"Es-tu sûr pour le papier poudré ?" J'ai pleuré, impressionné par la réalisation de la main de Norah dans la découverte.

"Oui; nous savons au moins qu'elle les a achetés dans ce magasin. Vous voyez, elle a beaucoup d'argent en plus de son salaire de la compagnie télégraphique.

"Plutôt!" » a déclaré Rivers, « si elle vend des secrets du gouvernement !

«Eh bien», ai-je dit, après que toute cette révélation ait commencé à pénétrer dans mon cerveau, «si Sadie Kent était assise dans le bureau de M. Gately, fumant et bavardant, son chapeau enlevé et ses papiers poudrés en évidence, elle était jolie. amical avec lui !

" Bien sûr qu'elle l'était", et Wise eut l'air grave. « C'est ce que j'ai peur de dire à Miss Raynor. Car cela implique Amos Gately d'une manière ou d'une autre ; soit il est mêlé au trafic d'espionnage, soit… Miss Kent était son amie… socialement !

"Oh, allez maintenant," dis-je, "ne disons pas ce genre de chose."

"Mais, mon cher homme, si désagréable que cela puisse être de supposer une intimité entre le président de la banque et la belle télégraphiste ,… n'est-ce pas pourtant préférable,… à…"

« Pour le stigmatiser du honteux soupçon de détenir des secrets d'espionnage ! Rivers compléta la phrase. "Oui c'est le cas! Les révélations les plus honteuses d'une liaison ne seraient rien comparées à l'ignominie du travail d'espionnage !

« Je le sais », m'empressai-je de m'expliquer, « mais je ne peux relier aucune des deux hontes à Amos Gately ! Vous ne le connaissiez pas, Wise, et vous,

Rivers, non plus. Je ne le connaissais pas non plus personnellement, mais je savais, et je sais, qu'aucun soupçon de suspicion ne peut être attaché à l'ensemble de la carrière d'Amos Gately ! Eh bien, il était synonyme de tout ce qu'il y a de meilleur en finance, en politique, en société ! Je suis content que vous n'ayez pas fait allusion à cela avant Olive Raynor ! Cela aurait écrasé le pauvre enfant.

« Elle devra l'apprendre tôt ou tard, » et Wise secoua la tête. « Cela ne fait aucun doute dans mon esprit. Vous voyez, 'The Link' apportait habituellement ses nouvelles à Rodman et celui-ci secrètement, et au moyen de l'ascenseur secret, les apportait à Gately qui les remettait aux agents du gouvernement allemand.

"Connais-tu ceci?" » demanda Rivers.

"Je n'ai pas réussi à faire admettre Rodman, mais lorsque je l'ai taxé avec quelque chose de ce genre, il est entré dans une telle colère que je suis sûr d'avoir découvert la vérité."

« Où est Rodman maintenant ?

« Le ministère de la Justice a son dossier en main. Ils s'occuperont de lui. Mais je ne vois pas comment on peut le relier au meurtre de Gately. Je ne doute pas un seul instant qu'il en serait tout à fait capable, mais il n'était pas là à ce moment-là.

"Est-ce que Sadie Kent ?" et Rivers fronça les sourcils d'un air pensif.

« Pas au moment de la fusillade. Brice, ici, peut en témoigner.

« Pas à moins qu'elle se cache », dis-je, « et ce n'était pas le cas, car j'ai regardé dans les placards et tout ça. Nous semblons avoir prouvé que Sadie était là avant que le meurtrier ne soit présent, mais je ne la soupçonne pas d'avoir tiré sur Gately.

« Moi non plus », acquiesça Wise, « mais il était inhabituel qu'elle se rende au bureau de M. Gately. Il faut qu'elle soit devenue plus audacieuse ces derniers temps et qu'elle ait eu une certaine emprise sur Gately, de sorte qu'elle se sentait en sécurité en y allant.

« Ne peuvent-ils pas extraire tout cela de Sadie ? »

« Elle est du genre glissante. Elle fait semblant de parler franchement, mais ce qu'elle dit signifie peu et est trompeur.

"Où est-elle?"

« Pour le moment, à Kenilworth House. Détenu là-bas jusqu'à ce qu'ils soient sûrs des personnes qui travaillent avec elle.

"Elle s'en sortira", a déclaré Rivers, "elle devrait être en prison."

C'était une chose étrange, mais cette prophétie fortuite de Rivers s'est réalisée dès le lendemain !

J'étais dans mon bureau, en train de converser avec Norah sur le sujet passionnant de l'affaire Gately, lorsque Zizi est arrivée en courant.

« Seul, je l'ai fait ! » s'écria-t-elle, et jetant les plis de sa volumineuse cape noire sur son épaule, elle croisa les bras et prit l'attitude de Napoléon ; fronçant les sourcils sous ses épais sourcils noirs, même si ses yeux dansaient.

"Qu'avez-vous fait?" Ai-je demandé, tandis que Norah regardait avec enchantement la petite silhouette dramatique.

« A rendu le « Lien » manquant à ses propriétaires légitimes ! »

"Quoi! Sadie ?

"Le même. Vous savez, M. Rivers a dit qu'elle se détacherait de cette maison Whatchacallit et créerait des ennuis – aussi, ce qu'elle a fait !

«Parlez-nous-en», ai-je exhorté.

« C'est pour cela que je suis ici. M. Wise m'a envoyé pour vous dire cela, et bien d'autres messages. Eh bien, » et les yeux noirs de Zizi s'ouvrirent de satisfaction, « quelqu'un a appelé ce matin pour voir Miss Raynor. Et ce quelqu'un n'était autre que Sadie, « The Link ! Elle a envoyé un nom différent, je ne sais plus quoi, et Miss Olive est descendue la voir. Et elle a fait beaucoup de chantage à Miss Olive ! Vous voyez, le petit Ziz écoutait derrière une portière pratique , et j'ai tout entendu. L'idée était que si Miss Olive abandonnait toutes les enquêtes, aucune histoire ne serait racontée. Mais si elle poursuivait son travail de détective, c'est-à-dire si elle gardait M. Wise à son poste, alors des révélations seraient faites au sujet de son tuteur, M. Gately, qui, selon Sadie, feraient exploser son nom à jamais. Olive semblait comprendre exactement ce qu'étaient ces révélations, car elle n'a pas demandé, mais elle avait peur et était sur le point de céder lorsque je me suis glissé dans le jeu. Mais, avant de rejoindre la conférence, j'ai appelé Penny Wise sur un téléphone à l'étage et je l'ai invité à venir en toute hâte et à amener une escouade de policiers ou quelque chose qui pourrait retenir ce « Lien » !

«Puis je me suis promené dans la bibliothèque, où se tenait la séance de chantage, et je suis resté là. Nous avons eu une guerre de mots, « The Link » et moi, mais cela ne signifiait pas grand-chose, car je ne faisais que gagner du temps jusqu'à ce que Penny Wise intervienne. Mais j'ai gardé Miss Olive silencieuse et j'ai cédé. The Link', une chanson et une danse qui lui ont fait réfléchir ! Je lui ai dit que nous savions qu'elle avait écrit la lettre de chantage à Miss Olive, signée « Un ami », et qu'elle pourrait être emprisonnée pour cela ! Elle en a flétri quelques-unes, mais l'a emporté d'une main haute et bientôt Penny est arrivée et il était accompagné de ses petites aides. Ils étaient en uniforme et semblaient très heureux de retrouver leur ami et camarade perdu depuis longtemps, « The Link » !

« Espèce de petit morceau intelligent ! » » s'écria Norah, « penser que tu as récupéré cette fille, après qu'elle se soit déchaînée ! Ne l'ont-ils pas apprécié ?

"Oui", et Zizi sourit modestement; « mais tout cela fait partie du travail quotidien. Je ne me soucie pas beaucoup de l'appréciation, sauf de celle de M. Wise.

Elle avait jeté son long manteau et sa petite silhouette mince et souple était penchée sur le dossier d'une chaise. « Mais, s'écria-t-elle en se retournant brusquement vers moi, j'ai encore fait un petit tour ! Quand ils ont emmené Sadie, je me suis faufilé vers elle et – oh, eh bien, je suppose que je suis le descendant direct d'une noblesse aux doigts légers – je lui ai fait les poches !

"Qu'est-ce que vous obtenez?"

« Sa poche, c'est- à-dire son petit sac à main en cuir, ne lui sortait pas une minute de la main ! La façon dont elle s'y est accrochée , — s'y est bien accrochée, — m'a fait penser qu'il contenait quelque chose d'intéressant pour nous. Je l'ai donc simplement choisi sur des principes généraux. Et j'ai reçu la marchandise !

"Quoi?" avons pleuré Norah et moi ensemble.

« Des trucs en code ou en chiffre, je ne sais pas exactement ce que c'était. Mais Penny l'a pris, et il est mort d'envie de l'avoir. Du charabia, bien sûr, mais il s'en sortira. Il est doué en chiffres, et ce sera probablement la preuve finale de la perfidie de « The Link », – et… » ici la tête de Zizi pencha et ses yeux étaient attristés, – « peut-être que cela révélera M. Gately ou… »

"Ou qui?"

"Tu sais! Mais, » elle s'éclaira à nouveau, « voici encore autre chose ! Je suis au travail jour et nuit, vous savez, et si vous me demandez, j'aimerais tout autant vous dire que Miss Olive s'intéresse beaucoup à ce fascinant M. Rivers ! »

"Oh, maintenant," et Norah regarda la jeune fille impertinente et souriante, "Miss Raynor est la *fiancée* d'Amory Manning."

« Nixie ! elle m'a dit qu'elle n'avait jamais été fiancée à M. Manning. Et quand je la taquine à propos de M. Rivers, elle rougit du plus joli rose que vous ayez jamais vu et dit : "Oh, Zizi, ne sois pas idiote !" mais ensuite elle s'assoit et attend que je redevienne idiot !

"Mais elle n'a pas vu Rivers une demi-douzaine de fois", dis-je en souriant devant l'envolée d'imagination de Zizi.

« Ce n'est rien », se moqua-t-elle ; « S'il y a jamais eu un coup de foudre, ces deux-là l'ont eu ! Ils ne le savent pas encore vraiment eux-mêmes, mais si Amory Manning veut Miss Olive, il ferait mieux de sortir de sa cachette et de la gagner tant que la victoire est bonne ! Et je crois qu'il serait trop tard maintenant ! Et voici une paille pour montrer dans quelle direction souffle le vent. La photo de M. Manning qui se trouvait sur la commode de Miss Olive a disparu !

"Cela ne veut peut-être rien dire", dis-je, car je ne pensais pas qu'il était juste d'encourager la romance de Zizi.

«Mais j'ai interrogé Miss Olive à ce sujet, et elle a hésité et balbutié, et n'a jamais dit pourquoi elle l'avait rangé. Et aussi, vous devriez voir ses yeux sourire lorsqu'elle s'attend à ce que M. Rivers l'appelle ! Il lui confectionne un patron de dentelle, et ils doivent beaucoup en discuter ! Ohé , oh!"

Le petit visage malicieux prit un air doux et tendre et Norah sourit avec la sympathie de celle qui, comme tout le monde, aime un amant.

«Mais», dis-je d'un ton songeur, «rien de tout cela ne nous rapproche de la découverte du meurtrier d'Amos Gately, ni de la découverte d'Amory Manning, qui sont les deux fins et buts de notre existence actuelle.»

« Vous est-il déjà venu à l'esprit, M. Brice, (le visage de Zizi devint très sérieux), que ces deux quêtes vous mèneraient au même homme ?

Je l'ai regardée , stupéfaite jusqu'au silence.

Puis, soudainement choqué, "Non!" J'ai carrément crié : "Ça n'a jamais été le cas !"

CHAPITRE XV
La chimère de Wise

Le mystère était déconcertant. J'ai appris de Pennington Wise qu'il avait rêvé qu'Amory Manning avait tué Amos Gately.

Mais, hormis le fidèle Zizi, il ne trouva personne pour partager ses soupçons. C'était trop absurde. En premier lieu, si Manning avait commis cet acte, il ne serait jamais resté sur les lieux du crime comme il l'a fait pendant près d'une heure. Je me souvenais parfaitement de son comportement et de son expression, tels que je l'avais vu avec Olive Raynor cet après-midi-là. Il était profondément inquiet, grandement choqué, et très prévenant et attentionné envers Olive, mais il n'y avait aucune ombre de culpabilité sur son visage beau et fort.

Je l'avais regardé attentivement pendant l'excitation de la tragédie elle-même et plus tard, alors que nous étions dans le tramway, et j'avais remarqué son visage grave et sérieux, mais bien qu'il paraisse perplexe et anxieux, il n'y avait aucune trace de Caïn. sur son front.

Je l'ai dit à Wise, et il a écouté, dûment impressionné, mais, comme il l'a finalement admis, il ne voyait pas d'autre façon de regarder.

« Ce n'était pas Rodman », affirma-t-il ; « Ce type est un traître et un espion, mais ce n'est pas un meurtrier. Et aussi, il était de mèche avec Gately, et la dernière chose qu'il voulait était de perdre son patron. Ce n'était pas Sadie, bien sûr ; elle aussi voulait Gately vivant, pas mort. Je sais que le refus du tuteur d'Olive d'écouter la plainte de Manning semble être un motif mineur, mais où pouvons-nous trouver un suspect plus fort ?

"Nous ne l'avons pas encore fait", répondis-je, "mais il doit y avoir des personnes impliquées dans cette affaire d'espionnage, si c'est un vrai projet de loi contre Gately..."

« Oh, c'est un vrai projet de loi, d'accord. Amos Gately était un loup déguisé en mouton ! Miss Raynor devra le savoir tôt ou tard. Elle le sait vraiment maintenant, mais elle ne se laisse pas croire.

« Et ce papier que Zizi a pris à Sadie Kent ?

« C'est sur cela que je travaille. Retrouvez-moi cet après-midi à la maison Raynor, et je pourrai peut-être vous le dire.

La grande et joyeuse bibliothèque de la maison d'Olive était devenue notre lieu de réunion générale d'un après-midi. J'y arrivais généralement vers seize heures et j'étais presque sûr d'y trouver Wise ou Rivers, ou les deux. Zizi était elle-même un véritable spectacle de vaudeville, et Olive était toujours cordiale et hospitalière. Mme Vail était également une vieille dame douce et j'avais appris à l'apprécier.

J'y suis donc allé, comme Wise l'a suggéré, et je l'ai trouvé penché sur le mystérieux papier.

En le regardant pour la première fois, je n'ai vu qu'un grand nombre de lettres, écrites à la plume et disposées en longues rangées qui s'étendaient clairement sur la feuille.

Il y avait peut-être une vingtaine de rangées, et chaque rangée contenait environ trente lettres. Ils étaient soigneusement alignés et régulièrement espacés et contenaient sans aucun doute un message caché.

"J'ai découvert beaucoup de cryptogrammes au cours de ma vie", a déclaré Wise, "mais ce n'est pas un cryptogramme. Je veux dire, ce n'est pas un code chiffré ; il existe un autre moyen d'y parvenir.

Nous l'avons tous étudié. Olive, Zizi, Wise et moi avons penché la tête sur la table où elle se trouvait, tandis que Mme Vail regardait de loin et babillait à propos d'un homme qu'elle connaissait autrefois, qui pouvait résoudre des écrits secrets.

Soudain, Zizi se leva d'un bond et, courant autour de la table, il regarda le journal de l'autre côté.

Elle pencha sa drôle de petite tête sur le côté, puis la remua en connaissance de cause tout en faisant quelques pas plus loin et en regardant le journal sous un autre angle. Elle fit le tour de la table, et enfin, avec un murmure d'excuses, reprit le papier et le tint latéralement devant ses yeux avides.

« Ouf ! » elle chantait dans une extase de satisfaction ; "J'ai compris! Vous devez avoir un modèle pour le lire.

"Un motif!" Répétai-je sans rien dire.

"Ouais! Un papier troué , un papier-clé.

"Oh!" et Wise avait l'air comme si une lumière avait éclaté sur lui. « Ça y est, Ziz ! Après tout, c'est vous l'enfant prodige ! Stoo-pid ! Stoopide ! » et il se frappa le front en signe d'humiliation. « Et, oh ! Je dis, Brice, qu'est-ce que tu m'as dit une fois sur le fromage suisse ?

"Fromage suisse?"

"Oui; tu ne te souviens pas ? Un chèque de transport… avec des trous dedans.

« Oh, ce truc. Oui; il était sur le bureau de M. Gately. Hudson, le détective rusé, l'a pris.

"Pouvons-nous l'obtenir?"

"Bien sûr, en l'envoyant chercher."

"J'y vais!" s'écria Zizi ; "où? Quartier général?" et elle enfilait déjà son manteau.

« Laissez-la partir », dit Wise en lançant à la jeune fille un rapide regard reconnaissant. "Elle battra n'importe quel autre messager et elle le trouvera."

Nous avons entendu la petite voix impérative de Zizi réclamant un taxi au téléphone, et un peu plus tard nous avons entendu la porte de la rue se fermer derrière elle.

« Vous voyez, » et Wise nous l'a expliqué, « Zizi a remarqué, et puis moi, ces lettres. À première vue, ils semblent parfaitement réguliers, mais à bien observer, il y en a, ici et là, qui sont une fraction microscopique de l'espace plus proche ou plus éloignée des autres. Et cela montre de quel genre de chiffre il s'agit. Nous pouvons nous tromper sur le contrôle de transport, mais je crois sincèrement que lorsque nous l' obtiendrons , nous pourrons lire le message que véhicule ce papier. Nous ne pouvons certainement pas nous en passer.

C'était tellement vrai que nous avons mis le papier de côté jusqu'au retour de notre Mercure ailé.

Elle arriva bientôt et agita triomphalement la carte perforée qu'elle était partie chercher.

"Te voilà!" elle a pleuré; "Laissez-moi l'essayer en guise de récompense pour l'avoir obtenu."

"Très bien, vas-y", dit Wise, et jetant sa cape, Zizi se pencha sur le puzzle.

"C'est ça! C'est ça!" s'écria-t-elle avec jubilation. « Tu vois, oh, le Sage ! »

Le détective a pris le papier et la carte.

« Vous voyez, dit-il en partageant généreusement avec nous la première vision de la solution, cette carte a sept trous, à des distances irrégulières. En le plaçant au bon endroit sur cette solide banque de lettres, certaines apparaissent à travers les trous, et celles-ci, je l'espère, épelleront le message.

Et c'est ce qui s'est produit. Après avoir réajusté la carte-clé plusieurs fois, Wise a finalement réussi à faire les choses correctement, et les lettres qui pouvaient être vues à travers les trous de cette carte, au fur et à mesure qu'il la déplaçait, épelaient des mots et des phrases cohérents. Bien entendu, les autres lettres ne devaient pas être utilisées.

Il a lu le message à haute voix et, comme nous le soupçonnions, il s'agissait d'informations concernant l'expédition de munitions et annonçant certaines dates de départ.

« Un travail d'espionnage du type le plus intelligent », s'est exclamé Wise ; "Vous voyez, 'The Link' a obtenu ses informations à partir de télégrammes volés et les a enregistrées de cette manière, de sorte qu'elles seraient inintelligibles pour quiconque ne possédant pas cette carte, ou un double de celle-ci."

J'ai scruté avec intérêt les lettres qui ressortaient clairement à travers les petits trous ronds.

« L'information n'a aucune valeur particulière pour le moment », a déclaré Wise ; « il fait référence à hier comme date de départ. Le fait est que cette carte, cette carte-clé, a été trouvée sur... »

Il fit une pause : un regard sur le visage angoissé d'Olive arrêta les mots qu'il aurait prononcés. Mais nous le savions tous. Cette carte, trouvée sur le bureau d'Amos Gately, ou dans le tiroir de son bureau, prouvait qu'il était impliqué dans l'interception de ces messages, qu'il était coupable de trahison envers son pays !

Wise essaya d'aider les choses en disant précipitamment : « C'était peut-être une plante ! Peut-être que cette carte a été placée là où elle a été trouvée par quelque scélérat rusé, dans le but d'induire en erreur...

"Ne le faites pas!" » dit Olive faiblement ; « Vous êtes gentil, M. Wise, mais vous dites cela simplement pour me donner une lueur de réconfort et d'espoir. Tu sais mieux. Vous croyez, et je crains de devoir le croire, mon tuteur a été impliqué dans un tort, un tort grave, et...

Elle s'effondra complètement et sanglota dans les bras de Zizi qui s'ouvraient pour la recevoir.

Sentant que notre séjour ultérieur était une intrusion, Rivers et moi avons pris congé, et Wise nous a accompagnés. Nous sommes descendus tous les trois dans ma chambre et avons continué notre conversation sans l'embarras de la présence d'Olive.

"Cela s'éclaircit assez rapidement à certains égards", a déclaré Wise en s'installant avec un cigare et en passant la boîte à Rivers. « Je ne suis pas aussi surpris que certains par la perfidie de Gately. Il semble que le gouvernement soit sur ses traces depuis un certain temps ; du moins, ils le soupçonnaient et enquêtaient secrètement sur ses affaires privées. Cette personne de Sadie… »

« Au fait, Wise, » l'interrompis-je, « tu l'as parfaitement évaluée ! As-tu déjà entendu parler de ça, Rivers ? M. Wise n'a vu que l'épingle à chapeau de la jeune fille et en a tiré un portrait exact de « The Link » elle-même. Comment as-tu fait, Wise ? Donnez-nous les détails.

"Comme toutes ces déductions, c'était plus simple qu'il n'y paraissait", a déclaré le détective en souriant. « Vous voyez, M. Rivers, la tête de l'épingle était un gros et beau scarabée. Je ne sais pas encore si c'était un vrai, mais sinon c'était une imitation de premier ordre. Cela a soutenu une personne instruite et de goût. La jeune femme moyenne n'aime pas les scarabées. Ensuite, il y avait un petit morceau de cheveu humain coincé dans le décor. C'était noir, plutôt grossier et fort, dénotant une brune saine et plantureuse. En règle générale, les cheveux sont une indication claire de l'apparence physique. C'est comme ça que je sais que tu n'es pas Amory Manning, » il s'interrompit brusquement et regarda Case Rivers. « J'ai reçu sa description de Miss Raynor et de Brice, ici, et ils conviennent que Manning avait des cheveux noirs et épais, plutôt du type footballeur . Le vôtre est léger, fin et un peu maigre. Et vous possédez toutes les caractéristiques qui lui appartiennent. Oh, oui, j'avoue que j'ai essayé de vous faire connaître l'identité de Manning, mais sans succès.

"Ne vous excusez pas", a ri Rivers, "J'ai moi-même essayé de me connecter avec Manning disparu, mais je n'y arrive pas. Donc, je cherche la récompense pour avoir trouvé cet individu insaisissable. Mais je crains qu'il ne soit plus rappelé.

« Au fait, » ajouta Wise, « j'ai découvert qui offre la récompense. Et, s'il vous plaît, ce n'est autre que le gouvernement des États-Unis !

"Pourquoi?" » demanda Rivers avec intérêt.

« Eh bien, il semble que Manning soit, ou était, un homme des services secrets et qu'il a été mis sur la trace d'Amos Gately. Il travaillait en secret, bien sûr, et… »

« Et il a été kidnappé par les amis de Gately ! J'ai pleuré; « par certains des subalternes de Rodman, et mis à l'écart ! Je ne crois pas que Manning soit vivant ! »

« Continuez à parler de l'épingle à chapeau, M. Wise, n'est-ce pas ? » a exhorté Rivers. "Je pense que je vais devenir détective et je prends des notes."

« Eh bien, » dit Wise avec bonne humeur, « si je me souviens bien, j'ai mentionné les bonnes dents de la dame. Ceci parce que les empreintes sur l'or plutôt doux de l'épingle étaient droites et uniformes.

"Tu as dit qu'elle était fière d'eux", ai-je ajouté.

"Une généralité étincelante", et Wise a ri. « Toutes les filles ne sont-elles pas fières d'avoir de bonnes dents ? De plus, je supposais qu'elle avait des goûts plutôt flashy, car le scarabée, grand et d'une couleur bleu verdâtre vif, n'était pas une affaire tranquille. Un parfum fort s'y accrochait, ce qui indiquait aussi un certain manque de raffinement.

«Et vous avez parlé d'habitudes désordonnées», lui ai-je rappelé.

« Parce que la goupille était vraiment courbée. De plus, il avait été cassé et réparé. La cassure prouvait une négligence probable, et le raccommodage me semblait montrer qu'elle l'aimait sentimentalement, car il était habilement réparé et le prix de cela en aurait acheté un nouveau, à mon avis. J'ai supposé qu'elle était quelque peu intellectuelle pour s'intéresser autant à un scarabée, et j'en ai déduit qu'elle était assez aisée pour posséder et prendre soin de ce bibelot plutôt précieux. Aucune de ces déductions ne représentait grand-chose en soi, mais la combinaison nous a aidés à trouver un moyen de rechercher le propriétaire. Bien sûr, les mégots de cigarettes et le papier poudré ont également aidé. En fait, Miss Kent a laissé des preuves assez solides de son appel à M. Gately. Mais... elle ne l'a pas tué. Maintenant, qui l'a fait ? Nous apprenons beaucoup de choses, mais nous n'avons encore trouvé aucune preuve contre qui que ce soit en tant que véritable meurtrier.

"Non", j'ai accepté. "Vous voyez, l'ombre de la tête que j'ai vue sur la porte vitrée ne pouvait pas être celle de Rodman."

« Et donc cela aurait pu appartenir à n'importe qui. Je veux dire, cela montre que les têtes se ressemblent à peu près, lorsqu'elles sont simplement ombragées sur un verre épais et agité.

« Oui, réfléchis-je, cela aurait pu appartenir à n'importe qui. Mais qui ? Il semble que nous devrions avoir un suspect à ce moment-là.

"Je vais vous trouver un suspect", a déclaré Case Rivers. «Je me lance dans ce truc pour tout ce que je vaux. Le chemin passe par la foule de Rodman. « The Link » a vendu ses informations à Rodman et il les a transmises à Gately, mais dernièrement, « The Link » est devenu plus audacieux et est allé directement à Gately elle-même. Maintenant, il doit y avoir d'autres personnes concernées, et une interview avec Miss Kent nous donnerait une idée de qui elles sont. Elle a perdu un peu de sa bravade, à ce moment-là, je n'en doute plus, et je vais la poursuivre. Ensuite, je veux aussi aller au bureau de M. Gately. Je n'y suis encore jamais allé ! Ne pense pas, Sage, que je me mêle de ton jeu, mais parfois deux têtes valent mieux qu'une, si l'une d'entre elles est un vagabond anonyme sur la surface de la terre.

« Très bien, Rivers », et Wise hocha cordialement la tête, « entrez et gagnez. Nous sommes ensemble sur ce sujet. Et quand ce sera fini, je reprendrai *votre* cas et je verrai comment, quand et où vous êtes tombé à travers la terre.

"J'aimerais que vous le fassiez", et Rivers regarda sérieusement le détective, "car je vois ce voyage toutes les nuits dans mes rêves. Je me vois tomber à l'eau… oh, je ne vais pas vous ennuyer avec cette même vieille histoire !

« Cela ne m'ennuie pas, mais pour l'instant nous allons mettre toutes nos énergies sur le présent puzzle. Nous devons retrouver le meurtrier de Gately, puis Amory Manning.

«Zizi dit…» commençai-je.

"Je sais que oui", répondit Wise, l'air pensif. « Zizi dit que Manning est le meurtrier. Mais l'enfant n'a aucune raison de le dire, si ce n'est une intuition. Mais c'est une sorcière par intuition, et je garde son idée en tête.

« Non », et Rivers parla positivement, « il ne me semble pas que Manning soit le meurtrier. S'il faisait partie des services secrets, il se cache peut-être désormais délibérément, pour une raison qui n'a aucun rapport avec le meurtre d'Amos Gately.»

"Très probablement", acquiesça Wise. "Seulement, comme je l'ai dit, je me souviens souvent des idées de Zizi parce qu'elles se révèlent si souvent correctes."

"C'est une merveille, cette enfant", a déclaré Rivers; "Où l'as-tu trouvée ?"

« C'est mon modèle. Dans la vie civile, je suis en quelque sorte un artiste, vous savez. Je la dessine encore et encore, mais je n'ai jamais réussi à capter son sourire. C'est une enfant sorcière, un lutin.

"Oui; elle semble née gitane. Mais astucieux ! Et d'un charme.

«Tout ça», acquiesça Wise. « Et une bonne petite chose. Dévoué à moi, comme un chien fidèle, et pourtant absolument impersonnel. Oh, je ne pourrais pas du tout m'entendre sans Ziz .

Et presque au moment où il parlait, la porte s'ouvrit et Zizi entra. Sa manière d'entrer dans une pièce était l'une de ses caractéristiques individuelles. Elle se glissa doucement et discrètement, mais on se rendit immédiatement compte de sa présence. Cela semblait électrifier l'atmosphère, et l'endroit était plus lumineux et plus vital. Elle traversa la pièce aussi silencieusement qu'une ombre, elle ne prononça aucun mot, et pourtant toute sa présence parlait.

"Bonjour, Ziz ", et Wise lui sourit. " Tu veux?"

"M. Rivers, » répondit-elle en lui lançant ses yeux noirs. «Mlle Olive m'a envoyé. Et elle veut l'autre cristal.

« Un nouveau mystère ? et Wise a ri. « Je ne peux pas voir à travers l'autre cristal ! Est-ce que cela a à voir avec une paire de lunettes ?

"Non", et Rivers sortit un portefeuille dont il sortit du papier fragile. Il s'agissait de traces de cristaux de neige semblables à celles que je l'avais vu dessiner alors qu'il était encore à l'hôpital.

"Si jolie!" S'exclama Zizi en prenant les motifs tracés. « Vous voyez, » et elle les montra à Wise, « Miss Olive fait de la dentelle , et M. Rivers lui fait ces modèles. Ne sont-ils pas exquis ?

Ils étaient. C'étaient des formes de cristaux de neige, qu'il n'y a rien de plus beau, et Rivers les avait adaptés et combinés en un délicat motif semblable à de la dentelle, qu'Olive devait copier avec des fils de lin, ou tout ce que les femmes utilisaient pour faire de la dentelle.

«J'allais les faire visiter», a déclaré Rivers; "J'espère que le retard n'a pas dérangé Miss Raynor."

"Oh, non", lui assura Zizi, "mais elle est impatiente de voir ce nouveau design et ne pouvait pas attendre. J'ai donc proposé de me précipiter. Je savais que tu étais là.

"Mais je vais juste chez Miss Raynor", dit Rivers comme s'il était déçu, "et les modèles sont ma seule excuse pour un appel !". Alors, s'il vous plaît, Miss Zizi, je les porterai chez la dame impatiente, et j'y vais immédiatement.

« Je pense qu'elle est sortie, M. Rivers, elle était sur le point de partir lorsque je suis parti. Si vous téléphonez, vous la rattraperez probablement.

Sans être gêné par nos sourires complices, Rivers a pris mon téléphone de bureau et a appelé le numéro d'Olive. En attendant la réponse, il prit un crayon dans mon plumier et dessina négligemment un cristal de neige sur le grand sous-main.

Je l'ai observé, car son talent me fascinait. Il a dessiné la délicate figure à six côtés avec la précision d'un designer. Les minuscules frondes, toutes semblables, formaient une jolie forme hexagonale en poussant sous ses doigts.

Il était apparemment inconscient de ce qu'il faisait et dessinait sans réfléchir, car il nous parlait plusieurs fois en attendant la connexion souhaitée.

Finalement, Olive lui répondit, et il laissa tomber le crayon et lui parla. D' humeur enjouée , il la persuada de reporter sa course proposée jusqu'à ce qu'il puisse la rejoindre et qu'il l'accompagne. La bienveillante familiarité avec laquelle il menait la conversation et l'assurance désinvolte dont il faisait preuve qu'elle accéderait à sa demande nous prouvèrent, à nous, auditeurs forcément, qu'il y avait une bonne camaraderie entre eux.

Rivers a raccroché le combiné et s'est tourné vers moi avec un sourire enfantin. « J'y vais maintenant, dit-il, Miss Raynor m'attend. Je te reverrai ce soir, Brice. Et avec un signe d' adieu général , il s'en alla.

Zizi était assise à regarder mon bureau.

L'étrange enfant pensait à quelque chose, ou plutôt, elle avait fait une découverte ou avait perçu une nouvelle information.

Elle se pencha au-dessus du bureau, ses mains tendues posées sur le gros sous-main et ses yeux noirs écarquillés avec une expression de peur surprise.

"Regarder!" elle a pleuré; "regarder!"

Mais son doigt fin pointait uniquement vers le cristal de neige que Rivers avait dessiné. C'était une figure gracieuse, pas tout à fait achevée, mais un délicat entrelacs d'une des innombrables formes que présentent les cristaux de neige. Combien de fois avais-je regardé ces belles choses qui reposaient un instant sur la manche de mon manteau sombre lorsque j'étais dehors dans une tempête de neige. Et après avoir vu Rivers les dessiner si habilement , à plusieurs reprises, ils avaient pris un nouvel intérêt pour moi. Mais qu'est-ce qui avait tant ému Zizi, je ne pouvais pas l'imaginer. C'était comme si ce petit dessin était chargé d'une signification épouvantable dont je ne savais rien.

Pennington Wise n'était pas non plus plus conscient que moi de la signification de cette fille.

Il sourit d'un air interrogateur et dit : « Eh bien, Zizi, ma fille, qu'est-ce qui t'hypnotise ? Ce dessin de Rivers ?

"Oui", et Zizi détourna ses grands yeux noirs de mon visage vers celui de Wise et poussa un étrange petit soupir.

"Fini, ma fille", a exhorté Wise. "Dites à votre vieille Penny Wise ce qui ne va pas."

"Veux-tu faire ce que je veux?" » demanda-t-elle, la voix tendue et ravie d'une émotion forte.

"Oui; Jusqu'à la limite."

« Alors regarde cette chose ! Ce cristal de neige !

"Oui, j'ai regardé", et après un examen attentif d'un moment, Wise tourna de nouveau son regard vers le visage étrange, si vivement ému, si blanc de cette peur sans nom.

"Vous regardez aussi, M. Brice", et je l'ai fait.

« Notez le dessin, poursuivit Zizi, et voyez comment les frondes sont marquées. N'est-ce pas drôle comme les gens dessinent ou gribouillent toujours en attendant de recevoir un appel téléphonique ? »

"Oh, viens maintenant, Ziz ," et Penny Wise lui tapota le bras, "tu nous joues un tour. Nous savons que Rivers dessine magnifiquement ces choses. Pourquoi agir comme si vous ne le saviez jamais auparavant ?

"Viens avec moi", et Zizi se leva et commença à mettre son long manteau noir autour d'elle, frissonnant d'excitation en le faisant. « Vous venez aussi, M. Brice.

Nous avons obéi à l'étrange enfant, car je me suis rappelé à quel point Pennington Wise respectait ce qu'il appelait ses « intuitions », et avant de descendre, elle m'a ordonné d'appeler un taxi.

Dans le taxi, elle ne dit rien, nous ayant déjà demandé d'aller au bureau d'Amos Gately et de prendre des dispositions pour entrer dans les chambres.

Et puis, quand nous étions là-bas, quand j'avais obtenu les clés des employés de la banque et que j'étais entré dans les pièces sombres et calmes, Zizi se dirigea directement vers la pièce du milieu, directement vers le bureau d'Amos Gately, et souleva le téléphone de là où il se trouvait. le grand sous-main, elle a révélé la contrepartie exacte du cristal de neige que nous avions vu dessiné sur mon bureau par Case Rivers !

CHAPITRE XVI
Le flocon de neige

J'ai regardé le dessin avec intérêt, mais sans d'abord en saisir la véritable signification.

Pennington Wise le regarda avec consternation. "D'où vient-il?" il s'est excalmé.

« Cela a toujours été là », a déclaré Zizi. "Je veux dire, je l'ai vu là-bas un jour quand j'étais dans cette pièce avec M. Hudson, je—je———"

"Je ne savais pas que tu étais déjà venu ici, Ziz ," et Wise sourit au petit visage sérieux.

«Oui, je l'étais; et il m'est arrivé de déplacer le téléphone, et en dessous se trouvait ce dessin. Je n'y ai rien pensé, comme preuve, mais je l'ai regardé parce que c'était si joli. Et j'ai remis le téléphone dessus.

"Mais j'ai fouillé cette pièce", et Wise avait l'air mystifié.

"Alors tu n'as probablement pas décroché le téléphone," répondit Zizi en secouant sa tête d'elfe, tandis qu'une profonde tristesse se reflétait dans ses yeux noirs.

"Je ne crois pas que je l'ai fait", réfléchit Wise en y repensant. "J'ai ramassé la plupart des accessoires du bureau pour les examiner, mais je suppose que je n'ai pas du tout saisi le téléphone."

"'Bien sûr que non!" Zizi était toujours prêt à défendre les actions de Wise. « Comment peux-tu savoir qu'il y a une photo en dessous ? Mais, oh, Penny, qu'est-ce que ça veut dire ?

« Attendez, allons-y avec précaution. À première vue, il semblerait que Case Rivers ait dessiné cette figure de cristal de neige. Tout le monde a une habitude particulière, et surtout, beaucoup de gens ont l'habitude de dessiner quelque chose en particulier lorsqu'ils attendent au téléphone.

« J'ai interrogé une demi-douzaine d'hommes ces derniers temps, et chacun dit qu'il gribouille des mots ou dessine une combinaison grossière de lignes. Mais chacun dit qu'il fait toujours la même chose, quelle qu'elle soit. Or, j'imagine, très peu d'hommes dessinent des cristaux de neige, et encore moins encore les dessinent avec ce degré de perfection. Encore une fois, si tel est le cas, est-ce que quelqu'un d'autre dessinerait ce dessin identique, avec cette précision de dessin, que Case Rivers a dessiné sur le sous-main de votre maison, Brice ?

"Je devrais dire qu'il serait impossible que quelqu'un d'autre ait pu le faire", répondis-je honnêtement, même si je commençais à voir où notre enquête nous menait.

"C'est *impossible* ", a déclaré Wise. "Deux hommes pourraient dessiner des cristaux de neige, mais ils ne choisiraient pas tous les deux celui-ci en particulier."

"C'est exactement pareil", murmura Zizi, "car j'ai amené celui de M. Brice avec moi : le voici."

Calmement, la jeune fille sortit de son petit sac à main un morceau arraché de mon sous-main. Il contenait le dessin réalisé par Rivers alors qu'il attendait son appel téléphonique et c'était la copie exacte de la figure dessinée sur le sous-main du bureau en acajou d'Amos Gately.

"C'est le même crayon, ou plutôt la même main qui a dessiné ces deux-là", a déclaré Wise d'un ton positif, et je ne pouvais pas le contredire.

Les scientifiques disent que les cristaux de neige présentent des centaines de formes différentes, et presque tous les dictionnaires illustrés ou manuels de sciences naturelles en montrent plusieurs spécimens. Celui que nous regardions était d'un design simple mais beau et j'étais sûr que Rivers l'avait copié à partir d'une image, car on peut rarement conserver un vrai flocon de neige assez longtemps pour copier sa forme.

Quoi qu'il en soit , c'était pousser un peu trop loin la loi du hasard que de croire que deux hommes dessinaient paresseusement le même formulaire sur un sous-main en téléphonant.

Bien sûr, ce croquis sur le bureau d'Amos Gately n'a pas nécessairement été réalisé alors que l'autre main de l'artiste tenait le combiné téléphonique, mais sa juxtaposition à l'instrument indiquait que c'était le cas.

"Bien sûr, c'est M. Rivers qui a dessiné ça", a déclaré Zizi, sa petite tête balançant alors qu'elle tournait ses yeux noirs de l'un de nous à l'autre.

Elle portait un petit turban entièrement fait de plumes rouges, des plumes douces sur la poitrine d'un oiseau tropical, je suppose. Le chapeau reposait avec désinvolture sur ses cheveux noirs et lisses, et les mouvements de sa tête étaient si rapides et si semblables à ceux d'un oiseau, qu'elle me donna un souvenir fugace des oiseaux humains que j'ai vus dans la pièce de *Chantecler* .

« Bien sûr qu'il l'a fait, » acquiesça Wise très gravement ; « et maintenant nous devons continuer. En admettant, pour le moment, que Case Rivers, —

comme nous l'appelons, — ait dessiné ce petit croquis, il devait être dans ce bureau le jour du meurtre d'Amos Gately. Car on m'a dit que le buvard sur ce bureau était changé tous les jours, et que toutes les marques ou taches qui s'y trouvent ont donc été faites ce jour-là. S'il l'a fait, alors… ou plutôt, quand il l'a fait, il téléphonait à quelqu'un… »

"Eh bien," intervint Zizi, "peut-être qu'il était juste assis ici, en train de parler à M. Gately. Peut-être qu'il pourrait dessiner ces choses lorsqu'il reste les bras croisés ainsi que lorsqu'il téléphone.

"Oui; tu as raison. Eh bien, en tout cas, il devait être assis ici, en face de M. Gately, ce jour-là même. Et je pense qu'il téléphonait, mais cela ne fait aucune différence. Maintenant, s'il était ici, dans ce bureau, ce jour-là, pourquoi était-il ici et qui est-il ?

"C'est lui le meurtrier", a déclaré Zizi, mais elle parlait comme si elle était une machine. Les mots semblaient sortir de ses lèvres sans sa propre volonté ; sa voix était boisée, mécanique, et ses yeux avaient un regard lointain et vide. "Je ne sais pas qui il est, mais c'est lui qui a tiré sur M. Gately."

"Oh, viens, maintenant, Ziz ," Wise la secoua doucement, "réveille-toi ! Ne tirez pas de conclusions hâtives. Il est peut-être l'homme le plus innocent de New York. Il était peut-être ici pour rendre visite à Gately tôt dans la journée, et sa course était peut-être des plus informelles. Il avait peut-être eu raison de téléphoner, et alors qu'il attendait son appel, il a dessiné le motif des flocons de neige, qui est son habitude lorsqu'il attend. Mais qu'il soit là ce jour-là est un fait positif, à mon avis. Maintenant, c'est à nous de découvrir pourquoi il était ici et qui il est. Je ne préfère pas aller le voir et lui demander à brûle-pourpoint. Cette phase particulière d'amnésie dont il souffre est une affaire précaire à gérer. Un choc soudain pourrait lui ramener la mémoire, ou bien…

« Agitez son cerveau ! » compléta Zizi. « Très bien, oh, le plus sage ! Mais quand vous découvrirez la vérité, ce sera que Case Rivers, dans son bon sens et dans sa propre personne, a tué M. Gately.

« Tais-toi, Ziz ! Si vous avez une intuition aussi effrayante, gardez-la pour vous. Je ne vais pas le croire, à moins d'y être obligé ! J'ai toujours été convaincu que Rivers est, ou était, un homme valable. Je suis sûr qu'il avait de l'importance dans une certaine ligne, une grande ligne. De plus, je crois à ses histoires sur la chute à travers la terre.

"Tu fais!" J'ai pleuré, avec étonnement. « Vous défendez cela ! Croyez-vous qu'il est tombé dans le globe au Canada, ou dans un pays du Nord, et qu'il en est retombé à New York ?

"Pas tout à fait ça", et Wise sourit. "Mais je crois qu'il a vécu une expérience très étrange, dont son récit est une description assez juste, sinon entièrement la vérité littérale."

"Tel que?"

«Eh bien, supposons qu'il tombe dans un puits de mine au Canada. Supposons que cela lui efface la mémoire. Supposons ensuite qu'il ait été secouru et envoyé à New York pour y être soigné, par exemple dans un hôpital ou un sanatorium privé. Supposons alors qu'il s'échappe et, toujours fou, qu'il se jette dans l'East River - oh, je ne sais pas - seulement, il y a de nombreuses façons pour lui d'avoir cette idée de sa chute à travers la terre, et d'avoir quelque chose de réel à raconter. basez-le dessus.

« Gammon et épinards ! » remarquai-je, ma patience épuisée ; « L'homme a reçu un coup, ou une chute, ou quelque chose qui a ébranlé sa mémoire, mais son idée de 'tomber à travers la terre' est une hallucination pure et simple. Cependant, cela n'a pas d'importance. Nous devons maintenant suivre cette nouvelle piste et voir si nous pouvons avoir une idée de sa personnalité. Il ne peut pas nous dire pourquoi il était ici , s'il ne se souvient pas de sa présence.

"Peut-être qu'il s'en souvient", dit Wise d'un ton pensif.

« Nixy ! » et la tête impertinente de Zizi hocha positivement la tête ; "M. Rivers est sincère maintenant, quoi qu'il ait été avant. Il ne se souvient pas d'avoir tiré sur M. Gately... »

« Arrête ça, Zizi ! Wise parla plus brusquement que je ne l'avais jamais entendu. « Je vous interdis de supposer que Rivers est le meurtrier, vous êtes absurde !

"Mais j'ai l'impression..." Les yeux noirs de Zizi fixaient fixement Wise, "et..."

« Gardez votre intuition pour vous ! Je te l'ai déjà dit ! Maintenant, tais-toi.

Pas du tout déconcertée, Zizi lui fit une petite *moue des plus méchantes, mais elle n'en dit pas plus pour l'instant.*

« Nous avons cependant une nouvelle direction vers laquelle regarder », a poursuivi Wise, « et nous devons nous y attaquer. Vous vous souvenez, nous avons trouvé ici une épingle à chapeau qui nous conduisait à Sadie, « The Link », aussi droite qu'un panneau aurait pu le faire.

"Oui", se moqua Zizi, "avec l'aide de Norah et de son papier poudré, et de Jenny et de son bavardage !"

« Très bien, » Wise était imperturbable ; « Nous l'avons quand même eu. Maintenant, peut-être que l'Homme qui tomba à travers la Terre a également laissé quelques indices. Regardons autour de nous.

"Il ne pouvait rien laisser de plus révélateur que le dessin sur le buvard", a insisté Zizi. « Il a dessiné sur le buvard de M. Brice aujourd'hui et il a dessiné sur ce buvard de M. Gately le jour où M. Gately a été tué. C'est certain.

"Il en est ainsi, Zizi", acquiesça Wise ; mais rien de plus n'est encore sûr. Mais nous trouverons peut-être quelque chose de plus.

Tout en parlant, le détective fouillait dans les tiroirs du bureau. Il sortit le paquet de papiers qui l'intéressait auparavant.

«J'aimerais les lire», dit-il; "Vous voyez, ils sont datés par ordre chronologique, et ils doivent signifier quelque chose."

— C'est de là qu'ils viennent, dit Zizi d'un air sage ; « Vous voyez, Waldorf veut dire un certain message dans leur livre de codes, et St. Regis en veut un autre ; Le papier Biltmore en signifie un autre, et ainsi de suite.

"Tu as raison, comme d'habitude", dit Wise, avec une telle approbation que Zizi sourit sur son étrange petit visage.

« Cela fait partie des affaires d'espionnage de The Link », a-t-elle poursuivi, et j'ai crié en signe de déni.

« Oh, allez, M. Brice, » dit-elle, « autant admettre, du premier au dernier, que vous savez que M. Gately était mêlé à ce trafic d'espionnage. Je ne sais pas encore à quel point ni à quel point sciemment… »

« Vous voulez dire, ai-je attrapé à la paille, qu'il était un intermédiaire, mais qu'il ne le savait pas ?

«Je pensais qu'au début», a déclaré Wise, «j'espérais qu'il en était ainsi. Cela, bien sûr, suggérerait qu'il était épris de Sadie et qu'elle l'avait enroulé autour de son doigt et l'avait utilisé pour faire avancer ses projets, alors que lui-même était innocent. Mais la théorie, bien que jolie, ne fonctionnera pas. Gately n'était pas assez crédule pour cela et, en outre, il est plus profondément concerné par tout cela que nous ne le pensons.

« Oui », ai-je accepté ; « ces lettres, je veux dire ces feuilles blanches, lui ont été envoyées par la poste. L'un d'eux est venu le lendemain de sa mort.

"Je sais cela. Et, comme le dit Zizi, ils signifient quelque chose de défini conformément à un code préparé. Par exemple, une feuille de papier de l'Hôtel Gotham, datée du 10 décembre, pourrait signifier qu'un certain transport, indiqué dans le livre de codes de cet hôtel, devait partir à cette date.

"C'est une explication simple et enfantine", a déclaré Zizi, "mais c'est peut-être la bonne."

"Certes," acquiesça Wise, "il peut y avoir d'autres explications et des explications plus compliquées. Mais cela n'a plus d'importance maintenant. La réception de ces lettres, des lettres blanches, avait une valeur secrète pour Gately et prouve qu'il a été assez profondément mêlé à tout cela.

"Mais qu'en est-il de M. Rivers?" parla Zizi ; "Où entre-t-il?"

"Il a l'air noir", a déclaré Wise. « Il était ici ce jour-là en secret. Autrement dit, il n'est pas entré à la porte de Jenny. Elle ne le reconnaît pas, lui ai-je demandé. Par conséquent, il est entré par l'une de ces autres portes, ou par l'ascenseur secret. Dans les deux cas, il ne voulait pas que sa visite soit connue. Il est donc un malfaiteur, avec Gately, et probablement avec Rodman. Ils sont tous mis dans le même sac. La trace du serpent espion est au-dessus d'eux tous.

"Non!" » s'écria Zizi, et son visage était orageux, « mon gentil M. Rivers n'est pas un espion ! Il n'a rien à voir avec cette affaire d'espionnage !

"Pourquoi!" m'écriai-je; "Vous avez dit que c'était lui le meurtrier!"

"Eh bien, je préfère être un meurtrier qu'un espion !" Ses yeux se brisèrent et tout son petit corps mince frémit d'indignation. « Un meurtre est un crime décent comparé au travail d'espionnage ! Oh, mon gentil M. Rivers ! »

Elle s'est effondrée et a pleuré convulsivement.

"Laissez-la tranquille", dit Wise, sans méchanceté, après un bref coup d'œil à la petite silhouette tremblante. « Elle est toujours meilleure pendant une période de pleurs. Cela clarifie son atmosphère. Maintenant, Brice, mettons-nous au travail. Comme le dit Zizi, vous devez admettre qu'il ne fait aucun doute qu'Amos Gately était très impliqué dans le jeu. Même s'il était indûment amical avec Sadie Kent, c'était indubitablement à travers et à cause de leurs relations communes dans le domaine des télégrammes volés. D'après moi, Sadie a vendu ses messages interceptés au plus offrant. C'était George Rodman, mais au-dessus de lui se trouvait Amos Gately. Oh, n'aie pas l'air si incrédule. Ce n'est pas la première fois qu'un président de banque se trompe. Gately n'a jamais été infidèle à son poste, il n'a jamais détourné de fonds ou quoi que ce soit de ce genre, mais pour une raison ou une autre, qu'il s'agisse d'un gain d'argent ou de l'espoir d'une autre récompense, il a trahi son pays.

Je ne pouvais pas le nier, ou plutôt je pouvais le nier, mais seulement à cause de ma foi toujours inébranlée en Amos Gately. Je ne pouvais apporter aucune preuve de mon refus.

"Mais," dis-je d'un ton songeur, "nous n'avons pas encore prouvé que Gately était mêlé à…"

"Quoi!" s'écria Sage ; « N'est-ce pas une preuve suffisante ? Ces lettres vierges, car c'est ce qu'elles sont, la visite prouvée ici de Sadie, « The Link », et le fait que Gately a été abattu, – par quelqu'un, – sans raison connue, – tout cela montre que le meurtrier Il y avait un motif secret, une raison inconnue, pour écarter Gately.

« Je le vois, comme vous le dites, » dis-je, « mais je ne croirai pas Amos Gately comme un espion, ni comme complice d'une affaire d'espionnage jusqu'à ce que j'y sois obligé. Je continuerai de croire qu'il était un outil – un outil innocent – de la combinaison Rodman et Sadie Kent.

« Très bien, Brice, garde ta foi le plus longtemps possible, mais, je te le dis, tu devras bientôt admettre que j'ai raison. Gately, comme nous le savons tous, était un homme particulier. Il avait peu d'amis, avait peu ou pas de vie sociale, et il avait des appels secrets et un mode secret d'entrée et de sortie de ses bureaux. Tout cela montre quelque chose à cacher, c'est inexplicable pour un homme qui n'a rien à cacher.

"Très bien, Wise," dis-je finalement, "je suppose que tu *as* raison. Mais nous devons néanmoins poursuivre nos recherches pour retrouver le meurtrier. Nous ne semblons pas beaucoup progresser dans ce domaine.

« Pas encore, mais bientôt », a déclaré Wise avec optimisme ; " la cognée est mise à la racine de l' arbre, nous sommes sur la bonne voie... "

« Vous voulez dire Case Rivers ? J'ai pleuré, alarmé.

«C'est à dire Case Rivers, peut-être», répondit-il. « Je ne suis pas aussi sûr que Zizi que les preuves le désignent comme le meurtrier, mais nous devons conclure qu'il était dans cette pièce le jour du meurtre, et pour quelle autre raison aurait-il pu être ici ?

"Quoi d'autre?" J'ai pris d'assaut. « Des dizaines de choses ! Des centaines de choses ! Eh bien, homme vivant, chaque personne qui a mis les pieds dans cette pièce ce jour-là n'a pas nécessairement tué Amos Gately !

"Toute personne qui a mis les pieds dans cette pièce ce jour-là est son meurtrier potentiel", répondit Wise calmement. « Toute personne doit être soupçonnée ou, au moins, faire l'objet d'une enquête. »

« Eh bien, » dis-je après avoir réalisé qu'il disait vrai, « vous enquêtez sur la question de la visite de Rivers ici ce jour-là. Je ne veux pas faire ça. Mais je vais maintenant au quartier général et je vais peut-être déterrer quelque chose d'important.

Et j'ai fait. Une visite au chef m'a raconté l'histoire intéressante des découvertes ultérieures des industries de Sadie Kent. Il semblerait que les agents fédéraux aient trouvé une station sans fil complète et puissante dans un chalet de Southeast Beach, une station estivale assez populaire. Le chalet était apparemment inoccupé, mais des câbles inexpliqués qui couraient le long des chevrons d'une maison voisine ont conduit à la découverte de la station radio auxiliaire.

Des experts étaient entrés par effraction dans la maison verrouillée et avaient trouvé le clavier d'un appareil sans fil savamment dissimulé. Des recherches plus poussées avaient tout révélé et, en outre, avaient mis en évidence le fait que la maison voisine était occupée par deux personnes âgées apparemment innocentes, qui étaient en réalité au service de Sadie Kent.

« The Link » était une personne importante et, même si elle passait pour une simple opératrice de télégraphe, elle était l'un des maillons les plus importants du système d'espionnage allemand aux États-Unis.

Dans la pièce où l'appareil sans fil a été trouvé se trouvaient également des quantités de papier à lettres provenant de différents hôtels de New York.

Ces feuilles, extraites des bureaux des hôtels, constituaient le système de code utilisé pour transmettre les renseignements volés.

Tout était lié, et le paquet de papiers d'hôtel trouvés dans le bureau de Gately, et surtout le fait que l'un d'entre eux soit parvenu à son adresse le lendemain de sa disparition, prouvait, sans aucun doute, son implication dans cette ignoble affaire.

Maintenant, je me suis demandé dans quelle mesure et de quelle manière Case Rivers était-il concerné ? L'homme se trouvait sûrement dans le bureau de Gately ce jour fatal. Je ne savais pas qu'il avait tué le banquier, ce n'était qu'une bêtise de Zizi, mais il était certainement là.

Il m'est venu soudain à l'esprit que si Rivers pouvait être ramené dans les bureaux, les chambres, les associations de Gately, cela pourrait éventuellement lui ramener sa mémoire perdue et lui permettre de se réinstaller dans sa véritable personnalité. Certes, cela pourrait prouver qu'il est le meurtrier, mais si tel était le cas, ce ne serait que la voie de la justice ; et, d'un autre côté, si cela expliquait sa visite innocente ou occasionnelle à Gately, c'était aussi ce que l'homme méritait.

Alors je suis allé immédiatement voir Rivers . Je le trouvai dans ses appartements, ceux qu'il avait pris alors qu'il devait assister Wise dans son travail, et il me salua cordialement.

« L'intrigue s'épaissit », dit-il lorsque je lui parlai de la station sans fil de Sadie. «Je savais que cette fille était sournoise. Elle est l'une des personnes les plus importantes du grand réseau d'espionnage. C'est l'une de leurs espionnes , qui tisse une jolie toile et attire les mouches crédules. Amos Gately est tombé sous son charme – vous savez, Brice, c'est une sirène – et d'une manière ou d'une autre, elle l'a attiré dans la toile qu'elle a si adroitement tissée. À mon avis, Gately était un bon et honnête citoyen, tombé dans le piège des ruses d'une femme. Je n'en suis pas sûr, il se peut qu'il ait été mêlé à des activités d'espionnage avant que Sadie n'entre en scène, mais je suis certain qu'elle a été complice avant, pendant ou après coup.

« Accessoire de son meurtre ? » J'ai demandé.

"Pas nécessairement; mais fortement complice de ses actes répréhensibles en matière de trahison. Je pense qu'elle a, pendant un certain temps, travaillé avec Gately par l'intermédiaire de Rodman, mais, dernièrement, elle est devenue plus audacieuse ou a découvert qu'elle pouvait faire plus par des visites personnelles et elle allait et venait par l'ascenseur secret, à peu près comme elle le voulait.

"Je déteste que Miss Raynor sache cela", dis-je en jetant un coup d'œil discret à Rivers, pour voir comment il prenait la remarque.

«Moi aussi», dit-il avec la franchise d'un garçon; « Autant te dire, Brice, que j'aime cette fille. Elle est, pour moi, la couronne même de la féminité. Je l'ai adorée dès le premier instant où je l'ai vue. Mais comprenez que je n'ai aucun espoir, aucune aspiration. Je n'offrirai jamais ma main et mon cœur à une femme tant que je n'ai pas de nom à offrir. Et je n'aurai jamais de nom. Si je n'ai pas encore découvert ma propre identité, je ne le pourrai jamais. Non, je ne suis pas pessimiste et je sais qu'un choc soudain pourrait me restaurer la mémoire en une minute, mais je ne peux pas miser sur une telle possibilité. J'en ai parlé à maintes reprises avec Rankin, c'est le médecin qui suit mon cas. Il dit qu'un choc soudain et très violent est nécessaire pour me restaurer la mémoire, et qu'il peut arriver et... qu'il se peut que cela ne se produise pas. Il dit que cela ne peut pas être forcé ou provoqué sciemment, que ce sera une coïncidence, un événement qui ébranlera les cellules inertes de mon cerveau, ou quelque chose comme ça, je ne me souviens plus des termes scientifiques. .»

Rivers passa sa main avec lassitude sur son front.

J'étais dans un dilemme. J'étais allé voir l'homme avec la ferme intention de l'attirer dans le bureau de Gately et de le confronter au flocon de neige dessiné sur le buvard. Maintenant qu'il m'avait confié son amour pour Olive Raynor, j'avais hésité à faire quoi que ce soit qui pourrait prouver qu'il était le meurtrier d'Amos Gately. Car j'aimais Miss Raynor, d'une manière profondément respectueuse et sans présomption. Et j'avais remarqué plusieurs choses ces derniers temps qui me donnaient la certitude que son amitié pour Rivers était vraie et profonde, si toutefois elle n'était pas quelque chose de plus que de l'amitié. Ceci, bien sûr, ne témoignerait que d'une loyauté inconstante à l'égard de la mémoire d'Amory Manning, mais comme Norah et moi en étions convenus, en en discutant, Miss Raynor n'avait jamais montré de chagrin désespéré face à la disparition de Manning, du moins, pas plus que la perte d'un ami occasionnel pourrait susciter.

Mais je savais où était mon devoir. Alors j'ai dit : « Rivers, j'aimerais que tu ailles avec moi au bureau de M. Gately . Ne pensez-vous pas que si vous étiez là, — et vous n'y êtes jamais allé, — vous pourriez tomber par hasard sur quelque indice qui a échappé à l'attention de Wise, d'Hudson ou de moi-même ?

"Bien!" il a dit; « Je me suis dit que j'aimerais y aller. Non pas, comme vous le suggérez poliment, pour trouver des points d'écoute négligés, mais simplement par souci d'intérêt général. Je pars, vous savez, pour retrouver le meurtrier, et aussi pour retrouver la trace d'Amory Manning, disparu.

CHAPITRE XVII

L'intuition de Zizi

"Il a peur", et Norah secoua la tête avec sagacité, tandis que ses yeux gris avaient une expression inquiète.

"Peur de quoi?"

« Peur de la vérité. Vous voyez, M. Brice, notre ami Rivers n'est dupe de personne. Il a abordé la plupart des points concernant cette affaire, et maintenant, il se met à lui-même. Ce petit bout d'humanité astucieux, Zizi, sait qu'il l'est. Bien sûr, vivant avec Miss Raynor, comme elle le fait, elle a chaque jour l'occasion de voir M. Rivers, car il traîne éternellement dans la maison Raynor. Oh, je ne veux pas dire qu'il est un fainéant ; pas de loin. Au contraire, son deuxième prénom est efficacité ! Il fait beaucoup de travail dans une journée.

« Quel genre de travail et comment en savez-vous autant sur lui ? »

Nous étions dans mon bureau, attendant Rivers, qui avait promis de venir me voir et de visiter les appartements Gately. C'était maintenant près d'une demi-heure après l'heure qu'il avait fixée pour son appel, et comme il n'avait pas l'habitude d'être en retard, j'étais surpris. J'avais commencé à considérer Rivers comme un homme important, non seulement dans les affaires auxquelles nous étions associés, mais il montrait tellement de capacités générales et de force de caractère que je me demandais qui ou quoi il deviendrait. Car j'étais sûr qu'il se retrouverait, et même s'il ne découvrait jamais qui il avait été, il se ferait encore un nouveau nom et une individualité qui en vaudrait la peine.

Norah aussi l'admirait et semblait en connaître autant, sinon plus, que moi-même sur ses capacités.

« Je ne sais pas exactement quel genre de travail, mais je pense que cela est lié aux mystères auxquels nous sommes confrontés nous-mêmes. Et je le sais, parce que Zizi me l'a dit. Elle voit tout ce qu'il fait, quand elle est avec lui, je veux dire. Pas un geste ni un mouvement ne lui échappe. Et elle surveille son attitude envers Miss Raynor. Elle dit, — Zizi le fait, — que M. Rivers est amoureux d'Olive, mais il ne le lui dira pas parce qu'il est, comme il le dit, un homme autoproclamé ! Zizi l'entendit s'appeler ainsi lorsqu'il parlait à Miss Raynor, puis il détourna simplement le regard et changea résolument de sujet. Mais elle pense, comme Zizi, qu'il travaille nuit et jour pour découvrir qui il est, et elle est sûre qu'il le découvrira. Et aussi, il travaille pour trouver le meurtrier de M. Gately et il recherche Amory Manning. Pas étonnant que cet homme soit occupé ! »

"Eh bien, pourquoi a-t-il peur de venir ici ?"

« Je ne suis pas sûr qu'il le soit ; mais tu sais que Zizi a le pressentiment qu'il est le meurtrier, et je pense que c'est peut-être le cas. Ce croquis en forme de flocon de neige prouve qu'il était là ce jour-là et comme sa présence n'est pas comptabilisée, pourquoi n'a-t-il pas été le tueur ? Et pourquoi n'en a-t-il pas la moindre idée ou le moindre soupçon, et n'a-t-il pas peur de vérifier ses craintes ?

« Mais, mon Dieu, Norah, même en admettant qu'il se trouvait dans le bureau de Gately ce jour-là, il n'avait pas besoin de tirer. Il aurait pu faire environ un million d'autres courses. Peut-être était-il un voyageur de commerce, vendant des dentelles et ayant dessiné le modèle pour un échantillon.

« Parfois, monsieur Brice, vous parlez comme un Tom-Oui ! Batteur, en effet ! Je peux vous dire que quel que soit l'appel suivi par Case Rivers, il était très différent de celui d'un agent de vente ! Je parie qu'il était au moins avocat !

"Au moins!" Je me suis moqué d'elle; « comprenez, je vous en prie, je considère mon métier un peu au-dessus du moindre des métiers !

"Oui, car *vous* lui accordez un haut rang", et les yeux gris m'ont lancé le sourire d'appréciation que je cherchais. Autant admettre que j'aimais beaucoup ces deux yeux gris et leur propriétaire, et j'avais la conviction assez forte qu'une fois l'affaire réglée, je devrais tourner mon attention vers l'obtention du droit exclusif sur l'appel d'offres. regards que ces yeux pourraient donner.

Mais tout à l'heure, j'ai dû exclure toutes pensées distrayantes, et en revenant à la situation actuelle, je m'émerveillais de nouveau de la non-apparition de Case Rivers.

« Peut-être qu'il est encore tombé à travers la terre », suggéra Norah ; « Au fait, Monsieur Brice, que pensez-vous de cette chute ? M. Rivers est sans doute soumis à une étrange hallucination, mais tout de même, n'y a-t-il pas une base sur laquelle il a fondé son rêve ?

"Peut être! Il doit y avoir! Son esprit est trop infaillible pour s'accrocher si désespérément à un simple rêve. Il a eu une expérience d'une nature étrange, et cela incluait quelque chose qu'il considère comme une chute à travers la terre.

"Tel que?"

"Je ne sais pas. Mais j'ai une vague idée d'un accident de voiture. Disons qu'une automobile a heurté un mur de pierre, et il a été projeté haut dans les airs et a atterri dans l'East River… »

"Mais je ne vois pas en quoi cela implique de tomber à travers la terre."

"Eh bien, disons qu'il a glissé sur une berge élevée pour atteindre la rivière…"

"Il n'y a pas de rive haute près de la morgue, et il a été repêché dans cette localité."

« Mais il n'aurait pas dû tomber là-dedans ! En fait, il n'aurait pas pu, il a dû flotter ou dériver sur une distance considérable pour qu'on lui arrache ses vêtements et pour avoir atteint l'état d'épuisement et de gel qui a failli aboutir à la mort.

"Oui, mais même pour l'instant, vous n'avez rien suggéré comme une chute à travers la terre."

« Très bien, Miss Smarty, quelle est votre idée ? Je vois que tu meurs d'envie de créer quelque chose.

« Seulement ce que je pensais depuis le début. Je crois qu'il se trouvait dans un pays froid, au Canada, ou ailleurs, et qu'il est tombé dans un puits de mine, ou dans un vieux puits profond, ou peut-être simplement dans une excavation pour un nouveau et grand bâtiment. Mais quoi qu'il en soit, sa dernière impression fut de tomber dans le sol. Puis, lorsqu'il a frappé, il a perdu connaissance. Ensuite, il a été transporté à l'hôpital, ou ailleurs, et comme la chute avait complètement effacé sa mémoire, il a été maintenu en cellule. Puis, d'une manière ou d'une autre, il s'est détaché et est venu à New York, ou, peut-être, il a été amené à New York pour être soigné par les médecins et il s'est enfui et soit il s'est jeté dans la rivière, soit il est tombé accidentellement, et lorsqu'il a été secouru, il je me souvenais encore de la chute mais de rien d'autre concernant son désastre.

« Assez bien, Norah, comme théorie. Mais il me semble que, dans ce cas, il aurait été recherché et retrouvé par ceux qui en avaient la charge.

« Ah, c'est là le but de tout cela ! Ils ne veulent pas le trouver ! Ils savent exactement où il se trouve et tout ce qui le concerne, mais ils ne le diront pas, car cela répond à leurs vils objectifs de le perdre !

« Eh bien, vous *avez* concocté un plan ! Et il a tué Amos Gately ?

« Peut-être, mais si c'est le cas, il l'a fait sans le savoir. Peut-être que ces gens qui s'occupent de lui l'ont secrètement hypnotisé pour le faire… »

« Ah, Norah ! se détacher! cesser! lâchez prise ! La prochaine chose que vous savez, c'est que vous l'aurez dans les films ! Car vous n'avez jamais imaginé tout cela sans obtenir des indices d'un mélodrame burlesque ! »

« Oh, eh bien, les gens qui sont absolument dépourvus d'imagination ne peuvent pas s'attendre à voir un mystère ! Mais vous ne verrez aucun M. Rivers *ici* matin, je peux vous l'assurer !

Elle s'est tournée vers sa machine à écrire et j'ai pris mon téléphone.

Je n'ai pas pu joindre Rivers à son domicile et j'ai ensuite appelé Miss Raynor.

Elle répondit, d'un ton agité, que Rivers était venu la voir depuis quelques minutes et qu'il était parti une demi-heure auparavant. Elle m'a supplié de revenir immédiatement.

Bien sûr, j'y suis allé.

Je l'ai trouvée dans un état d'esprit étrange. Elle semblait avoir fait une découverte et craignait de la révéler par inadvertance.

Mais lorsque je l'ai exhortée à être franche, elle a insisté sur le fait qu'elle n'avait rien à cacher.

« Je ne sais rien, monsieur Brice, vraiment, je ne sais rien », répéta-t-elle. « Je veux dire, tout ce qui est nouveau ou tout ce que je ne vous ai pas dit. M. Rivers était ici ce matin pour un très bref appel. Il a dit que même si sa mémoire n'était pas revenue, il avait eu l'impression mentale étrange d'être à la recherche d'un papier lorsqu'il est tombé à travers la terre.

« Est-il descendu sous terre pour chercher le papier ? Ai-je demandé, pensant qu'il valait mieux traiter la question à la légère.

"Non", répondit-elle très sérieusement, "mais il pense qu'il a été chargé de rechercher un papier précieux, d'une sorte, et qu'au cours de cette quête, il est tombé à travers la terre, par accident. C'est le choc qui a altéré sa mémoire.

« Raison suffisante ! » Je ne pouvais pas m'empêcher de dire.

Olive se hérissa : "Oh, je sais que tu ne crois pas à son histoire, presque personne ne le croit, mais moi oui."

"Moi aussi!" et Zizi était dans la pièce. On ne pourrait jamais dire de cette fille qu'elle est entrée ou qu'elle est entrée , elle était simplement là, de sa manière silencieuse et mystérieuse. Et puis, avec des mouvements tout aussi invisibles, elle s'est assise en face de moi, aux côtés d'Olive, sur un pouf bas.

« Je connais très bien M. Rivers », annonça Zizi, comme si elle était sa marraine officielle, « et ce qu'il dit est vrai, aussi incroyable que cela puisse paraître. Il dit qu'il est tombé à travers la terre, et donc il *est* tombé à travers la terre, et c'est tout ce qu'il y a à *dire* !

« Bien pour toi, Zizi ! » J'ai pleuré. « Tu es un petit champion fidèle ! Et comment a-t-il accompli cet exploit ?

"Cela sera expliqué en temps voulu", et les grands yeux noirs de Zizi prirent une expression sibylline alors qu'elle me regardait droit dans les yeux. "Si on vous disait, de bonne autorité, qu'un homme a traversé l'océan à bord d'un avion , vous le croiriez, n'est-ce pas ?"

"Oui; mais cela ne me semble pas être un cas parallèle », ai-je hésité.

« Case Rivers n'est pas non plus un cas parallèle », rigola Zizi, « mais il est la vraie chose à la manière des Earth Fallers. Et quand tu sauras tout, tu sauras tout !

L'enfant était exaspérante dans ses répliques stupides et pourtant le mouvement déterminé de sa petite tête noire était si convaincant que j'étais presque tenté de croire à ses déclarations.

« Vous êtes un bébé sphinx, Zizi, » et Olive la regarda affectueusement, « mais honnêtement, M. Brice, elle me garde le moral, et elle est si sûre elle-même de ce qu'elle dit qu'elle me convainc presque. Quant à Mme Vail, elle avale tout ce que Zizi dit pour la loi et l'Évangile !

"Et qu'est-ce que tu dis, maintenant, Zizi ?" J'ai demandé.

« Rien de grand-chose, gentil monsieur. Sauf que Case Rivers est un gentleman et un érudit, que sa mémoire est dans la dernière ligne droite et qu'elle fredonne, et que s'il cherche un article, il l'obtiendra !

« Et, soit dit en passant, c'est celui d'Amos Gately… »

Un cri d'agonie de Zizi interrompit mon discours et, sautant sur ses pieds, elle dansa autour de la pièce, son index enfoncé entre ses lèvres rouges et son petit visage étrange déformé comme par la douleur.

"Oh, qu'est-ce qu'il y a, Zizi ?" s'écria Olive en courant vers la jeune fille affolée.

Mme Vail, entendant la tourmente, est arrivée en courant, et elle et Olive ont tenu Zizi entre elles, suppliant de savoir comment elle avait été blessée.

Saisissant une opportunité, Zizi m'a regardé, par-dessus l'épaule de Mme Vail, et le message qui sortait de ses yeux était aussi compréhensible que si elle avait parlé. Il disait : « Ne mentionnez aucune allusion au lien possible entre

Case Rivers et le meurtre de Gately, et ne mentionnez pas le flocon de neige dessiné sur le buvard dans le bureau de M. Gately. »

Oui, un discours assez long et complet à prononcer sans mots, mais les yeux noirs qui parlaient le disaient aussi clairement que des lèvres auraient pu le faire.

J'ai hoché la tête en signe d'obéissance, puis Zizi a ri et avec son impudence inimitable, elle s'est tournée vers Olive et a dit : « Je suis comme la Reine Blanche, dans 'Alice', je ne me suis pas encore piqué le doigt, mais je le ferai probablement. , un jour."

« Pourquoi criais-tu, alors ? » » a demandé Mme Vail, encline à être en colère, tandis qu'Olive avait l'air amusée et mystifiée.

"Urgence", et Zizi lui sourit. « Les premiers secours aux blessés, ou plutôt la prévention, qui vaut mieux que les premiers secours ! »

"Tu es fou!" » dit Mme Vail, un peu ennuyée d'être ainsi trompée. "Je pensais que tu avais failli être tué!"

"Quand vous avez connu une fois une dame qui a failli être tuée, est-ce qu'elle a crié comme ça ?" demanda Zizi avec un sourire innocent.

"Oui!" s'écria Mme Vail ; "Mais comment saviez-vous que j'ai vu une fois une dame presque tuée ?"

"Télépathie!" répondit Zizi, puis Pennington Wise est arrivé, et nous avons tous ignoré sans vergogne Mme Vail et ses histoires pour écouter son rapport.

« Il y a beaucoup de choses à faire, » dit-il, « et, » ajouta-t-il doucement, « je suis désolé de vous annoncer des nouvelles désagréables, Miss Raynor, mais vous devrez savoir tôt ou tard… »

«Je sais», dit Olive courageusement; «vous allez me dire que mon tuteur n'était… n'était pas un homme bon. »

"Il en est ainsi; il est inutile d'essayer d'adoucir la vérité. Amos Gately était le destinataire d'importants secrets gouvernementaux, appris par Sadie Kent, la télégraphiste. Elle les a portés à Rodman, qui les a à son tour transmis à Gately, qui, semble-t-il, avait un moyen de transmettre l'information à l'ennemi. Bien entendu, la station sans fil secrète, récemment découverte, a été utilisée, ainsi que d'autres moyens de communication. Je n'entrerai pas dans les détails, Miss Raynor, mais Amos Gately était « l'homme supérieur », qui se croyait à l'abri de toute découverte en raison de sa réputation d'intégrité irréprochable et aussi des précautions infinies qu'il avait prises. En effet, s'il n'avait pas été victime des charmes personnels de "The Link", sa part de tort n'aurait peut-être jamais été connue.

Olive écoutait tout cela, le visage blanc et immobile, ses lèvres tendues et dessinées d'une ligne écarlate, son expression d'un calme pierreux.

Zizi, l'observant attentivement et avec amour, glissa sa petite patte brune dans la main d'Olive et remarqua avec satisfaction le léger sourire qui lui répondait.

"Peut-être," dit Olive, après une pause réfléchie, "il est donc préférable que l'oncle Amos n'ait pas – n'ait pas vécu pour être – déshonoré."

– C'est vrai, dit gravement Wise ; « Il aurait été envoyé dans une prison fédérale si tout avait été découvert de son vivant. Tel sera le sort de Rodman, s'il n'est pas arrêté pour crime de meurtre. Mais je pense qu'il ne le sera pas. Car son alibi l'efface et c'est pour échapper à une accusation plus grave qu'il a tant parlé d'espionnage.

« Ainsi donc, dis-je, nous sommes plus loin que jamais de la découverte du meurtrier ?

« On ne peut jamais le savoir », répondit Wise ; « Il se peut que nous soyons à la veille de résoudre le mystère. Rivers est sur le sentier de la guerre… »

"Je pense que je devrais vous dire, M. Wise," interrompit Olive, "que M. Rivers était ici ce matin, et il semble avoir une légère lueur de souvenir."

"Il a? Bien! Ensuite, tout lui reviendra. J'ai étudié cette histoire d'aphasie-amnésie, et bien souvent, lorsque le patient commence à retrouver la mémoire, tout lui revient en trombe ! Où est Rivers ?

« Il est parti… je ne sais pas où… » Les lèvres d'Olive tremblèrent, et elle montra si clairement ses sentiments que nous avons tous vu immédiatement qu'elle craignait que Rivers s'était enfui, *à cause* de son souvenir.

« Tout va bien », déclara fermement Zizi ; "M. Les rivières sont blanches et transparentes ! Il reviendra bientôt et il apportera le journal qu'il cherche.

"Quel papier?" » demanda Wise.

« Les poipers ! les poipers ! se moqua Zizi ; « Avez-vous déjà connu une affaire, oh, Wise Guy, qui ne tournait pas autour et ne reposait pas sur un poiper ? Eh bien, les dossiers dans l'affaire, c'est ce qu'il cherche ! Voir?"

Quand Zizi jouait le rôle de la *gamine*, elle était irrésistiblement drôle et nous riions tous, c'est ce qu'elle voulait pour alléger la tension de la situation.

Rivers était en effet un mystère. Je pense que chacun d'entre nous pensait qu'il pouvait être lié à l'affaire Gately. Nous tous, sauf Olive, et qui pourrait dire ce qu'elle pensait ?

Mais Pennington Wise avait une question à poser, et il la posa sans détour.

« Ce jour-là, vous avez été attirée chez Sadie 'The Link', Miss Raynor, commença-t-il, vous avez dit, ou plutôt, vous avez accepté quand Rodman a dit que vous étiez sa *fiancée*. Pouvez-vous nous dire pourquoi ?

Olive rougit, mais plus de colère que d'embarras.

« L'homme m'a menacée, dit-elle, il a d'abord essayé de me faire l'amour, et quand je l'ai repoussé, il m'a dit que si je ne promettais de l'épouser, il dirait quelque chose qui serait un reproche vivant pour la mémoire. de mon tuteur décédé. J'ai déclaré qu'il ne pouvait rien dire contre Amos Gately. Puis il a murmuré que M. Gately était un espion ! Je n'arrivais pas à y croire, et pourtant, je n'avais vu que peu de choses, j'avais entendu juste quelques mots qui remplissaient mon cœur de la crainte que M. Rodman dise la vérité. Alors j'ai pensé que je ferais mieux de dire ce qu'il m'a demandé, même si je savais que je me suiciderais plutôt que de l'épouser. Mais je n'avais pas très peur, sauf que je savais que j'étais en son pouvoir. Oh, je n'aime pas penser à ce jour-là !

Olive s'est effondrée et a caché son visage dans ses mains, tandis que les petits bras minces de Zizi l'entouraient et la tenaient contre elle.

« Encore une question, Miss Raynor », et Wise parla très doucement ; « êtes -vous… étiez-vous fiancé à Amory Manning ? »

Olive leva le visage et parla calmement : « Non, M. Wise, je n'ai jamais été fiancée avec lui. Nous étions de bons amis et je pense qu'il avait une grande estime pour moi, mais aucun mot d'affection n'a jamais été échangé entre nous. J'admire et respecte M. Manning en tant qu'ami, mais c'est tout. Et puis une jolie rougeur a envahi le visage d'Olive, suivie rapidement par un air de douleur, et nous savions qu'elle pensait à Rivers et à sa possible défection. Je n'ai jamais vu le visage d'une femme aussi facile à lire que celui d'Olive Raynor. Peut-être à cause de son caractère pur et transparent, car dans mon intimité forcée avec elle, alors que je gérais son patrimoine, j'avais appris qu'elle était d'une nature exceptionnelle, noble, fine et consciencieuse en toutes choses.

«Je ne peux pas penser», poursuivit Olive, «que M. Manning sera un jour retrouvé. Je pense qu'il a été tué.

"Pourquoi?" » demanda brièvement Wise.

« Vous savez, c'était un homme des services secrets. Bien des fois, il a échappé de justesse à sa vie, et - je n'en suis pas sûr - mais je pense que maintenant, il était sur la trace du nid d'espions avec lequel mon - avec lequel M. Gately était mêlé. . Quelques légers incidents, autrement inexplicables, me le font comprendre maintenant, même si je ne m'en doutais pas auparavant. Mon oncle n'aimait pas M. Manning, et c'était peut-être parce qu'il savait qu'il était à l'emploi du gouvernement. Et même si je sais que M. Gately n'aurait jamais bougé le petit doigt pour écarter Amory Manning, George Rodman l'a peut-être fait. Oh, tout cela est si mystérieux, si compliqué, mais là-dessus, j'en suis sûr, Case Rivers n'a aucun lien avec toute cette affaire. C'est un homme d'une ville lointaine, il ne connaît pas New York, et il... » Ici, Olive s'effondra complètement et tomba dans un éclat de larmes hystériques.

Zizi se leva et exhorta doucement Olive à l'accompagner hors de la pièce.

Un silence se fit tandis que les deux filles disparurent. Il a été brisé par Mme Vail, qui a fait remarquer d'un ton triste : « J'espère que le gentil M. Rivers reviendra, car la chère Olive est *tellement* amoureuse de lui.

"Quoi!" s'écria Pennington Wise, « Miss Raynor amoureuse de Rivers ! Cela ne suffira jamais ! Eh bien, nous n'avons aucune idée de qui il est. C'est peut-être un chasseur de fortune du plus bas type !

"Oh non non!" » nia Mme Vail, « c'est un gentleman des plus courtois. »

« Cela ne compte pas », a tempêté Wise ; "Mais peut-être ai-je parlé trop fort tout à l'heure quand je l'ai insulté !"

"D'autant qu'il n'a pas de nom !" J'ai mis; "En fait, il se présente comme un homme autoproclamé!"

Wise sourit : « C'est un type plein d'esprit », concéda-t-il, « et je l'aime énormément. Mais c'est à nous, Brice, de sauvegarder les intérêts de Miss Raynor, et un éventuel prétendant à la main d'une héritière devrait, au moins, connaître ses propres ancêtres ! Et puis, encore une fois, à moins qu'il ne retrouve la mémoire et puisse le nier, il y a de fortes chances qu'il ait participé au meurtre de Gately. On ne peut pas échapper à ce motif de flocon de neige dessiné sur le buvard. Rivers était là, dans cette pièce, il était assis au bureau de Gately, en face de Gately lui-même, - je veux dire, bien sûr, c'est ainsi que je reconstitue l'affaire, - et s'il n'a pas tiré sur Gately sur-le-champ, au moins, nous n'avons aucune preuve qu'il ne l'a pas fait.

« Je pense qu'il l'a fait », admis-je, car la déclaration de Wise était convaincante, et d'ailleurs, Norah le pensait aussi.

"Eh bien, réfléchissez-y encore!" » est venue d'une petite voix sauvage, et il y avait Zizi à mon coude qui me secouait joliment son petit poing fermé au visage. "M. Badman Brice, vous avez de nombreuses idées de suivi à vous proposer, et vous feriez mieux de les commencer maintenant ! »

Elle ressemblait à une petite fureur alors qu'elle dansait autour de ma chaise et faisait exploser les fioles de sa colère. « Que M. Rivers est un homme parfaitement bon, je le sais ! Lui et Miss Olive sont amoureux, — mais ils ne le savent pas eux-mêmes, — Dieu les bénisse ! Et M. Rivers, il ne le lui dira pas, de toute façon, parce que c'est un noble, un homme de la Nature peut-être, et encore une fois, peut-être que c'est un vrai noble du Canada, ou d'ailleurs. Mais de toute façon, il n'a pas plus tué personne que moi !

« Très bien, Ziz , tyran pour toi ! En tant qu'ami fidèle, vous êtes là avec la marchandise ! » Wise lui sourit. « Mais après tout, vous ne pouvez compter que sur votre loyauté. Vous ne *savez pas* tout cela.

"J'ai une intuition", dit Zizi en enfonçant un petit poing dans l'autre paume, "et quand il s'agit de certitude,... La mort et les impôts n'ont rien sur mon intuition !"

CHAPITRE XVIII
Clair comme du cristal

"Salut tout le monde! Qu'est-ce qu'il y a, Zizi ? Je serai à tes côtés ! Compte sur moi, mon petit, jusqu'au bout. Et, en sautant Jupiter, Brice, je crois que le dernier fossé s'approche de moi ! Non, je n'ai pas encore maîtrisé mon souvenir de fuite, mais je l' ai ouvert . J'ai eu un aperçu d'un rayon de lumière sur mon passé sombre et mystérieux, et je me suis adressé directement au bon petit vieux docteur Rankin, qui est mon Trouble Man à chaque fois. Et il dit que c'est le début de la fin. Afin que n'importe quel jour, presque n'importe quelle heure maintenant, je puisse faire éclater un citoyen plein de mémoire et correctement baptisé.

"Bien pour toi, mon vieux," et ravi de l'exaltation de son ton, j'ai tendu la main. « Entrez et gagnez ! »

"Oh, ça n'ira pas bien quand tu t'en souviendras ?" s'écria Mme Vail en se tordant les mains d'excitation ; "Eh bien, j'ai connu un homme une fois..."

"Oui", l'encouragea Rivers avec gentillesse, "qu'est-il arrivé à l'heureux élu?"

"Eh bien, il a été affecté par quelque chose comme vous l'êtes, - ou comme vous l'étiez -" mais Wise ne pouvait pas supporter ce qui semblait être une longue histoire.

"Excusez-moi, Mme Vail," l'interrompit-il, "mais, vraiment, je dois m'enfuir maintenant, et je veux d'abord avoir un mot ou deux avec M. Rivers."

La bonne dame se calma, mais on voyait qu'elle était déçue.

"Puis-je entrer?" et une Olive souriante apparut dans l'embrasure de la porte. "Suis-je recherché?"

"Etes-vous recherché?" le sourire impatient et affamé que Rivers lui offrait était pathétique. Car c'était si spontané, si volontiers accueillant que c'était comme si une lumière s'éteignait soudainement lorsque l'homme, après y avoir réfléchi, cachait ses véritables sentiments et s'avançait d'un air courtois mais plutôt formel.

"Tu es toujours recherché", reprit-il légèrement, mais la joie disparut de son ton et une simple salutation amicale en résulta. Certes, c'était un gentleman, mais il ne ferait aucune avance s'il n'était pas sûr de pouvoir prétendre pleinement à ce titre.

Et puis, il la regarda avec curiosité, comme s'il se demandait si elle occuperait une place dans sa mémoire restaurée, si la restauration avait réellement lieu.

C'est Zizi qui a brisé le silence qui s'abattait sur nous tous.

«Je veux ce que je veux, Penny», dit-elle d'un ton si mélancolique et suppliant que j'étais sûr qu'aucun cœur humain ne pourrait la refuser.

« Quelle est ta voie, Zizi ? » » dit doucement Wise.

«Je veux que nous allions tous, nous tous , au bureau de M. Gately…»

« Viens devant ! » s'écria Rivers ; « J'ai promis au vieux Brice, ici présent, que j'irais aujourd'hui même, et j'ai rompu mon rendez-vous. Désolé, mon vieux, mais je devais voir mon ami docteur, pendant le saut. Partons maintenant, selon le caprice de la Sorcière, et nous prendrons le grand chariot, et nous partirons tous.

Il appelait souvent Zizi la sorcière ou l'enfant elfe, et elle appréciait cela de sa part, même si elle détestait généralement toute familiarité.

Elle lui sourit, mais je remarquai un fond de tristesse dans son regard, et je savais qu'elle pensait à l'évidence du cristal de neige.

Car même si Zizi aimait beaucoup Rivers et même si elle avait réellement confiance en son innocence, elle était entièrement fidèle à Pennington Wise, et son intuition concernant le dessin du flocon de neige pourrait conduire à des résultats désastreux à plus d'un titre.

Olive a hésité à se rendre au bureau de son tuteur , — elle n'y était jamais allée depuis le drame —, mais quelques mots murmurés par Zizi l'ont persuadée d'accepter de nous accompagner.

Et pour arranger les choses, je lui ai dit que si elle préférait ne pas entrer dans les appartements de M. Gately, elle pouvait rester dans mon bureau avec Norah pendant que nous partions.

Mme Vail a insisté pour être de la fête et a couru à toute allure chercher son bonnet.

L'atmosphère semblait particulièrement chargée d'un sentiment de désastre imminent, et pourtant, aucun d'entre nous ne se serait retenu. Pennington Wise était très grave et calme ; Zizi, en revanche, était comme électrifié. Elle bondit avec des mouvements rapides et rapides, elle rigola presque hystériquement puis devint soudain très douce et tendre. Elle courut elle-même chercher les écharpes d'Olive, les rapporta et les enfila avec l'air prudent d'une mère qui habille son enfant.

Olive, elle-même, était comme abasourdie. De temps en temps, elle regardait Rivers avec un regard timide mais mélancolique, et il se retournait avec un grand sourire chaleureux qui semblait réchauffer son âme.

Nous nous sommes entassés dans la grosse voiture de tourisme et avons couru rapidement vers le Puritan Building.

Ensuite, nous sommes tous allés d'abord à mon bureau. Norah a fait les honneurs aussi joliment que n'importe quelle hôtesse dans sa propre maison, et son tact a aidé Olive à surmonter sa peur de l'endroit.

«Eh bien», dit enfin Rivers, «qu'est-ce qu'on attend? Je pensais que nous devions aller dans les appartements de M. Gately. Peut-être que Miss Raynor et Mme Vail préféreraient rester ici avec Miss MacCormack .

"Non," dit Olive fermement, "Je veux y aller aussi."

Norah la regarda avec incertitude. Puis, réalisant probablement que pour Olive, rester sur place serait plus difficile que de faire face à tout ce qui pourrait arriver, elle dit avec désinvolture : « Très bien, Miss Raynor, partons tous.

Je pense que nous étions tous imprégnés d'un sentiment de peur, d'une sorte de prémonition que la visite de l'autre côté du hall produirait de graves résultats.

Rivers était le plus enjoué de la fête, et pourtant, j'avais l'impression que sa gaieté était forcée.

« Les clés, Brice ? il a dit; « oh, tu les as. Très bien, mon garçon, vas-y.

Et puis le même calme qui régnait sur nous tous s'est abattu sur lui aussi, et nous sommes entrés dans les pièces en silence.

J'ai d'abord traversé la chambre de Jenny, puis la pièce du milieu et je me suis arrêté juste au-delà du bureau.

Rivers était le suivant, mais Zizi poussa son petit corps souple à travers le groupe et franchit la porte juste devant lui.

Les rivières entraient avec le regard le plus étrange que j'aie jamais vu sur un visage humain. Ce fut une transition, non pas soudaine mais progressive, de l'obscurité de l'oubli à l'aube du souvenir.

Et puis, juste au moment où il s'approchait du bureau d'Amos Gately, Zizi, sans paraître insistance, voire sans intention apparente, le guida vers la chaise en face de la chaise de bureau de M. Gately.

Machinalement, presque inconsciemment, Rivers se laissa tomber sur le siège et s'assit à la grande table- bureau, exactement là où, vraisemblablement, le meurtrier d'Amos Gately s'était assis.

D'un de ses mouvements brusques et rapides, Zizi plaça le combiné téléphonique dans sa main gauche, qui s'ouvrit involontairement pour le prendre, et exposa ainsi à la vue le cristal de neige dessiné sur le buvard.

Un silence de mort tomba sur nous tous alors que Rivers était assis là à regarder le petit croquis. Il le dévorait des yeux, tandis que son visage se figeait comme un visage de pierre.

Puis, levant ses yeux vides et fixes, son regard chercha Olive et, la regardant droit dans les yeux, il poussa un cri sourd et perçant, arraché à lui comme à une âme en agonie mortelle, et dit :

«J'ai tué Amos Gately!»

Je pense que la scène qui a suivi cette annonce était la plus étrange que j'aie jamais vécue. Pour ma part, j'ai ressenti un naufrage soudain, comme si le fond était tombé de l'univers. En fait, une idée fantaisiste m'a traversé le cerveau abasourdi : j'étais en train de « tomber à travers la terre » – ou dans un gouffre sans fond.

Les visages blancs que je regardais ne me disaient rien, je les voyais comme dans un rêve, tant mon intelligence était hébétée.

Et puis, ils ont assumé leur individualité et j'ai vu que le joli visage d'Olive était complètement vide ; comme moi, elle n'a pas réussi à saisir tout le sens de la confession de Rivers.

Mme Vail, les yeux fermés, s'allongea mollement sur une chaise et gémit de manière audible, tandis que Norah enfouissait son visage dans un rideau de soie à proximité et sanglotait.

Pennington Wise ressemblait à un homme qui vient d'entendre le pire, mais qui s'y attendait. Cependant, le choc l'avait énervé, je pouvais le voir à ses mains étroitement serrées et à ses lèvres serrées, alors qu'il s'efforçait de se contrôler.

Rivers était assis comme une statue de pierre, seuls ses yeux, désespérés dans leur concentration, montraient la terrible tension mentale dont il souffrait.

Zizi, – bénisse-la ! – se tenait derrière lui, – planant, vigilante, – plus comme un ange gardien que comme une Némésis, et avec son étrange visage d'elfe plein de suspense anxieux.

Rivers poussa un long soupir ; il parcourut la pièce d'un regard évaluateur, son regard rapide et vif prenant en compte chaque détail, il scruta le bureau et tout ce qui s'y trouvait, il regarda dans la pièce la plus éloignée, la Chambre Bleue, et vit la grande carte de guerre accrochée. sur le mur, puis il se leva, redressa ses larges épaules et se secoua comme quelqu'un qui se réveille du sommeil.

À bout de souffle, nous qui regardions, avons vu une grande lumière entrer dans ses yeux, un nouveau respect de soi, un nouveau sentiment d'importance se manifestait dans toute son attitude et, avec un sourire d'une infinie tendresse, il regarda Olive et dit :

"Je m'appelle Amory Manning !"

Cria Zizi. Il n'y a pas d'autre mot pour cela. Ses cris de joie remplissaient la pièce et elle dansait en agitant ses petits bras maigres comme un véritable lutin.

"C'est bon!" s'écria-t-elle en extase , "Oh, Penny, tout va bien !" et avec un bond à travers la pièce, elle atterrit dans les bras de Wise, qui lui tapota l'épaule et dit :

"Là, là, Ziz , ne t'aplatis pas *maintenant* !"

Pendant ce temps, Rivers se retrouvait. Il resta immobile, les mains agrippant fermement le dossier de la chaise, et son visage travaillant tandis qu'il recevait et classait les souvenirs qui s'accumulaient en masse dans son cerveau chargé.

"Attendez une minute," dit-il, luttant avec ses pensées, "je sais tout, mais——"

"Amory!" s'écria Olive, c'est ta *voix* ! Je te connais *maintenant* !

Nous avons tous pu constater le changement dans son discours. Jusqu'à ce moment, Rivers avait parlé sur le ton particulier que j'avais remarqué la première fois que je l'avais rencontré. Des tons monotones, presque dépourvus d'inflexion. Désormais, sa voix était normale, et encore plus mélodieuse que la moyenne.

L'homme s'était sûrement retrouvé, mais s'il était réellement Amory Manning, eh bien, mon esprit refusait d'aller plus loin.

Et il avait aussi dit qu'il avait tué Amos Gately !

Mais je n'ai ressenti aucun besoin de poser des questions, ni même de m'interroger, car l'homme devant nous avait l'air si responsable, si capable de s'expliquer, que, comme le reste de l'assemblée, j'ai simplement attendu son discours ultérieur.

« Il y a tellement de choses à dire », dit-il, et son sourire se transforma en un air de douleur. Il jeta un nouveau regard à Olive, et fit même un pas vers elle, puis il parut s'effondrer, et se laissant tomber dans la chaise qu'il avait libérée, il cacha son visage dans ses mains et gémit.

"Continue!" murmura une petite voix impérieuse, et Zizi était de nouveau derrière lui, la main sur son épaule, d'un ton urgent et encourageant.

"Je vais!" et Manning, car nous n'avions plus aucun doute sur son identité , parla avec fermeté et courage. Il ne regarda pas Olive, et il était clair que c'était intentionnel.

Au lieu de cela, il se tourna vers Zizi, et sembla s'adresser à elle.

Il n'aurait pas pu faire mieux s'il avait voulu une sympathie utile, car les yeux noirs qui le regardaient étaient doux et tendres avec quelque chose comme une douceur maternelle.

Cette humeur de Zizi, rarement montrée, était l'un de ses plus grands charmes, et Manning l'accepta avec gratitude et la laissa l'aider.

« Dois-je tout dire, maintenant et ici ? » demanda-t-il en jetant un coup d'œil à Pennington Wise.

"Oui", dit le détective après un moment de réflexion. "Oui, si tu veux."

"Très bien alors." Manning était désormais tout à fait calme, mais il était évident qu'il se maintenait par un effort considérable. De plus, il s'abstint soigneusement de regarder dans la direction d'Olive.

Cela m'a un peu alarmé, car à mon avis, cela faisait de lui un homme coupable et, en fait, il s'était déclaré tel.

Norah et moi avons échangé des regards compréhensifs – ou plutôt incompréhensibles – et Manning a commencé son histoire.

«Je pense que je vais commencer ici», dit-il d'une manière lente et méthodique, et avec l'air de quelqu'un qui a un devoir désagréable à accomplir, mais qui n'a pas l'intention de s'y soustraire.

« Je me souviens de tout… de tout… et ce ne sont pas tous des souvenirs agréables ! Mais il faut que cela soit dit, et alors je dois aller immédiatement faire rapport à mes supérieurs.

«Je suis Amory Manning, un agent spécial des services secrets. Le gouvernement m'a chargé de traquer une certaine branche du système d'espionnage ennemi à New York et, dans l'exercice de mes fonctions, j'ai appris qu'Amos Gately était l'homme que je cherchais.

Manning gardait toujours son regard détourné d'Olive, en fait, il regardait presque constamment Zizi, dont le petit visage sombre, charmant par sa sympathie, semblait boire chacune de ses paroles.

"Je savais tout sur Rodman, j'étais sur la trace de Sadie, 'The Link', et je suis venu ici, cet après-midi-là, principalement pour obtenir un document incriminant, qui aurait été une preuve positive contre Gately, et j'avais ordre d'arrêter. lui s'il était incapable de se justifier.

« Nous avons eu un entretien houleux et j'ai découvert que l'homme était coupable de la plus noire trahison. Il avait été destinataire des informations volées vendues par « The Link » et les avait transmises, par ses propres canaux secrets, au gouvernement ennemi. Je l'ai accusé de cela et il s'est battu. J'ai essayé de le vaincre et de le prendre paisiblement, mais il était désespéré et a échappé à mon emprise. Il a couru vers cette carte dans l'autre pièce, et je me suis tenu juste ici, là où je suis maintenant assis. J'avais renversé la chaise dans notre lutte et, comme je le voyais soudain écarter la carte et entrer dans ce qui était sans aucun doute une voie de sortie secrète, je lui tirai dessus. Bien sûr, je voulais simplement le faire voler, simplement pour l'empêcher de s'échapper, mais alors que je tirais, il se retourna et reçut la balle dans le cœur. Bien sûr, je ne le savais pas à l'époque, et je ne savais pas non plus où il était allé. Mais j'ai entendu la voiture descendre et j'ai su qu'il devait s'agir d'un ascenseur privé.

«J'ai couru dans cette pièce et, trouvant l'entrée de l'ascenseur fermée derrière le plan, je me suis envolé vers le couloir et je suis descendu. Dans ma hâte, aucune voiture n'attendant, j'ai cru pouvoir descendre plus vite par les escaliers. Mais après avoir parcouru deux étages, j'ai vu un ascenseur qui attendait et je suis monté. J'avais laissé tomber mon pistolet quelque part en essayant de le glisser dans la poche de mon pardessus alors que je descendais les escaliers en courant. Mais je ne songeai qu'à empêcher l'évasion de mon prisonnier. Bien sûr, je ne savais pas alors à quel point il était blessé.

«Je n'ai pas réussi à trouver la sortie de l'ascenseur privé, et n'ayant jamais rêvé que c'était dans le bâtiment voisin, j'ai cherché ce bâtiment pendant un bon moment. J'ai fouillé le rez-de-chaussée, le sous-sol et le sous-sol, mais je n'ai pas pu le trouver. Très perplexe, j'ai recommencé les recherches, puis Olive, Miss Raynor, est arrivée et, plus tard, j'ai découvert que d'autres avaient découvert le cadavre de l'homme sur lequel j'avais abattu.

«J'ai seulement attendu d'en être sûr, puis j'ai immédiatement commencé à faire rapport au Bureau fédéral.»

«Je le sais», l'interrompis-je, incapable de me taire, alors que le souvenir me submergeait, «et vous avez emprunté la Troisième Avenue en tramway…»

"Je l'ai fait", le visage de Manning montrait seulement un intense effort de reconstitution de la scène, "j'allais m'arrêter dans ma chambre en chemin, pour quelque chose dont j'avais besoin, et..."

"Attendez une minute", dit Wise, "Je m'intéresse à la phase Case Rivers de votre existence. N'oubliez pas que vous êtes l'homme qui a traversé la Terre.

Un étrange sourire passa sur le visage de Manning.

«J'y arrive justement», dit-il; "Je suis cet homme, et je peux vous dire dès maintenant comment, où et pourquoi j'ai fait le voyage !"

Tous les regards étaient tournés vers lui. Ce discours étrange, et il avait été si sensé jusqu'à présent. L'hallucination de tomber à travers la terre était-elle destinée à gâcher sa santé mentale nouvellement retrouvée ?

« Continuez », répéta Zizi, et le calme de sa voix rétablit l'équilibre de Manning et fit naître également mes espoirs d'une explication plausible.

«Tu étais avec moi, Brice», Manning m'a regardé, comme pour une corroboration.

"Oui; J'étais dans la voiture avec toi, mais nous n'étions pas assez proches pour parler. Il y avait une grande foule, et j'étais debout à l'arrière, tandis que vous étiez bien en avant. Mais je dis, Rivers, c'est difficile de croire que cet homme dans la voiture était toi ! Eh bien, tu n'es pas du même genre... »

"Attendez une minute", l'orateur agita la main comme pour vérifier l'interruption, "Je *suis* Manning, — je l'expliquerai plus tard, — mais maintenant je veux bien maîtriser cette occasion. Je suis descendu de l'avant de la voiture, - je ne sais pas ce que vous avez fait, - et alors que je descendais, un violent souffle de vent m'a presque fait tomber de mes pieds. J'étais en plein milieu de la rue, mais cela semblait être au milieu d'un blizzard hurlant, et alors que je faisais un pas, je suis descendu par un trou d'égout ouvert dans les égouts.

« Je m'en souviens très bien : les nettoyeurs de rues travaillaient là, envoyant la neige dans les égouts. Ils n'avaient aucune raison de laisser le trou d'égout ouvert et sans surveillance, mais cette rafale noire était si soudaine et si terrible que personne ne pouvait rien voir ou savoir pour le moment.

« Cependant, je savais parfaitement, au moment de ma chute, ce qui s'était passé, mais ensuite, et je m'en souviens aussi, je suis tombé et je suis tombé, en bas, en bas, cela semblait sur des kilomètres ; J'étais tournoyé avec le vertige, mais je tombais toujours, encore et encore, interminablement. J'ai senti ma conscience s'affaiblir, — d'abord anormalement aiguë, mes sens se sont émoussés, et j'ai eu seulement la sensation de tomber — toujours tomber — à travers la terre !

« Là, ma mémoire cesse. Et comme je me souviens ensuite de m'être retrouvé dans un lit à l'hôpital Bellevue, et comme j'ai eu le récit détaillé de ma découverte flottante, presque morte, dans l'East River, je ne peux qu'accepter l'inévitable conclusion que j'ai été transporté. par le ruissellement de l'égout, tout droit jusqu'à la rivière, et ramassé pour mort.

« Le fait qu'un signe de vie ait été découvert après avoir été emmené à la morgue était de la nature d'un miracle, et seuls les efforts les plus désespérés ont attisé cette petite étincelle vers la réanimation. Le reste, vous le savez. Le choc, l'exposition, le froid et peut-être un coup ou deux sur la tête, tout cela combiné, a entraîné une perte totale de mémoire quant à mon identité ou aux événements de ma vie antérieure.

« Il ne me restait que le souvenir positif de cette chute… » Manning frémit – « de cette chute interminable et sans fin à travers la terre. »

"Mais tu es tombé dans l'eau", dit Wise, les yeux fixés sur le narrateur de tout cela.

"Pas à ma connaissance. Ma prise de conscience de la chute n'a duré que jusqu'à ce que je heurte l'eau de l'égout. Cela m'a sans doute assommé pour de bon et tout, mentalement, je veux dire. Je dois à ma merveilleuse vitalité et à ma forte constitution le fait que j'ai vraiment vécu la catastrophe. Pensez à ce que cela signifie ! Je me suis précipité à travers ce torrent impétueux d'un égout à moitié rempli de neige fondue et d'eau, je suis jeté dans la rivière, je me suis précipité parmi les gâteaux de glace flottants, et tout cela avec une force suffisante pour arracher mes vêtements, et pourtant j'ai survécu à cela. ! »

"J'en vais!" s'écria Zizi, et l'éclat de ses yeux dansants et la joie sur son petit visage souriant rendaient cette phrase grossière tout à fait appropriée pour l'occasion.

« Et ainsi, poursuivit doucement Manning, j'ai accompli ma quête. J'ai travaillé dur pour découvrir trois choses : ma propre identité, où se trouve

Amory Manning et le tueur d'Amos Gately. Je suis moi-même la réponse à ces trois questions.

Un silence tomba ; et puis Olive a parlé.

« Vous n'êtes pas un tueur, vous n'êtes pas un meurtrier. Vous avez tiré sur M. Gately par accident, dans l'exercice de vos fonctions. Non seulement vous êtes exonéré, mais vous avez accompli un acte, en libérant le monde d'un traître, qui vous donne droit à une Distinguished Service Cross ! Je respectais mon tuteur, je l'aimais, mais maintenant je sais ce qu'il était. Je n'ai que du mépris et de la haine envers lui ! Toi, Amory, tu es un héros ! — mon héros.

Olive lui tendit les mains avec un beau geste d'affection, et Manning traversa la pièce à ses côtés.

«Maintenant, j'ai le seul pardon auquel je tiens», dit-il, et son visage était radieux. « Maintenant, je dois y aller immédiatement et faire mon rapport. Mon devoir est envers mon pays, envers mon gouvernement ! Oh, il y a encore tellement de choses à penser ! Ils, le gouvernement, m'ont offert une récompense !

« Que vous avez gagné vous-même ! » s'exclama Penny Wise.

"Oui", rit Zizi, "et vous avez gagné la récompense offerte pour M. Gately" elle hésita, "pour l'homme qui a libéré le monde d'une vipère traîtresse de plus!"

« Et d'ailleurs, ajoutai-je, vous avez résolu l'énigme de l'homme qui est tombé à travers la terre !

« C'est bien que Gately ne soit plus », dit Manning d'un ton songeur ; « Il était particulièrement dangereux parce qu'il occupait une position très élevée et qu'il avait la confiance de tout le monde. Rodman était tout aussi scélérat, mais il travaillait discrètement. Gately a misé sur sa réputation d'honneur et de probité et a utilisé sa propre renommée bien méritée pour faire avancer la cause la plus vile sur terre !

« Quoi qu'il arrive, je suis heureux qu'il ne puisse pas faire davantage de mal. Je n'avais pas l'intention de le tuer – c'était un accident – mais le monde est bien débarrassé de lui.

«Amen», dit doucement Olive.

"Eh bien, la fin justifie les moyens", a déclaré Mme Vail, un peu hystérique. "Eh bien, une fois que j'ai entendu parler de..."

Impitoyablement, je l'ai éteinte.

"Acceptez mes salutations, M. Manning", dis-je en tendant la main à notre nouvel ami. "Je suis fier de te connaître!"

Et puis il y eut une scène de poignée de main et d'accueil souriant comme n'importe quel héros pourrait être fier de recevoir.

« Attendez une minute », dit enfin Manning, « ce jour-là, je cherchais un journal, vous savez. S'il a été renvoyé, il y aura encore des problèmes. L'a-t-on trouvé, le savez-vous, M. Wise ?

"Non; quel genre de papier ?

« Un des télégrammes volés. Il était caché, j'avais des raisons de le penser, quelque part dans le bureau de Gately… »

"Sais-tu cela?"

« Je pense que oui… attendez, je pensais justement savoir où le chercher, quand Gately a dit quelque chose qui m'a incité à téléphoner pour obtenir de l'aide lors de son arrestation. J'attendais une réponse à mon appel… »

"Quand tu as dessiné le cristal de neige !" Zizi a pleuré.

"Oui," sourit-il. « Et puis, j'ai vu quelque chose qui laissait entendre une possible cachette – ah, la voici !

Il se dirigea vers le bureau et ramassa le lourd porte-plume en or orné. Il s'en occupa un moment, puis, le dévissant au milieu, montra que c'était un endroit intelligemment construit pour cacher un petit rouleau de papier fin.

Il y avait un tel rouleau dedans, et en le retirant, Manning sourit de joie. «Très bien», s'écria-t-il joyeusement; « C'est le journal, un secret du gouvernement ! Vous voyez, vous l'avez lu grâce à ce contrôle d'appel, et il est en sécurité maintenant !

C'était un papier rempli de rangées de lettres, un papier semblable à celui qu'on avait trouvé en possession de Sadie et aussi en celle de Rodman.

« Maintenant, je suis satisfait », a déclaré Manning ; « Et maintenant je dois aller directement au Bureau fédéral. Mais d'abord… »

"Bien sûr!" dit Zizi en lisant dans ses pensées ; "Nous sommes excusés!"

Et avec un sourire coquin, elle survola et embrassa chaleureusement Olive. Puis, d'un air impérieux, elle a pris le commandement, et presque avant que nous nous en rendions compte, elle nous a tous conduits, à l'exception d'Olive et Manning, à travers le couloir jusqu'à mon bureau.

J'ai été le dernier à partir, et Manning a souri largement en m'appelant : « Je veux que Miss Raynor dise une fois de plus qu'elle m'exonère, et ensuite je ferai rapport à mon autre supérieur !

Riant joyeusement, je suis entré dans mon bureau et j'ai trouvé que c'était une scène de gaieté hilarante. Mme Vail était franchement en train de gambader, tandis que Norah la faisait valser de long en large dans la pièce ; Pennington Wise était assise sur le coin de mon bureau, leur sifflant de la musique de danse, et Zizi, les bras agités, exécutait une sorte de danse de gloire qu'elle avait elle-même inventée.

Au bout d'un moment, la porte de la chambre Gately s'ouvrit et le visage rougissant d'Olive apparut, suivi de celui de l'homme qui tomba à travers la terre.

«Je veux corriger une de mes erreurs», dit-elle; "Je vous ai dit que je n'étais pas fiancée à Amory Manning... mais... je le suis !"

Les deux hommes sont venus à mon bureau et l'ovation que nous leur avons donnée était juste derrière celle que nous avions réservée à Manning lui-même quelques instants auparavant.

"Etes-vous *sûr* que c'est Manning ?" Wise la taquina.

"Oui", dit Olive très sérieusement. « Vous voyez, il était déguisé quand il était lui-même, et donc... »

Sa voix se perdit dans le cri qui s'éleva à sa remarque, et elle regarda autour d'elle avec perplexité.

« Elle a raison », dit Manning en souriant ; "J'étais. Vous voyez, lorsque je suis devenu un homme des services secrets, on m'a assigné certaines tâches particulières et il était important que je ne sois pas connu. J'ai donc adopté un déguisement permanent, — oh, rien de grand-chose — simplement une teinture douce pour mes cheveux et ma barbe, qui s'enlevait facilement, et une paire de grosses lunettes cerclées de corne, qui étaient en réalité plutôt seyantes qu'autrement. Mais Olive et beaucoup de mes connaissances ne me connaissaient que de cette façon. Je portais une barbe Vandyke et une petite moustache du type Charles Ier.

« Et puis, voyez-vous, lorsque j'ai été hospitalisée et rasée, j'ai continué à adopter un visage rasé de près. De plus, la teinture avait été complètement lavée dans les égouts, et comme ma mémoire en avait été effacée, je n'ai pas été surpris de trouver un homme aux cheveux clairs dans mon miroir.

« Olive me dit aussi que ma voix était d'un tout autre calibre, dû sans doute à un certain vide créé dans mon cerveau par la perte de la mémoire. Oh, eh bien, c'est l'histoire. Et sans ma particularité de dessiner des cristaux de neige, une chose que j'ai fait presque toute ma vie, et sans la prise de conscience de cette habitude par Zizi, je n'aurais peut-être jamais repris conscience de ma véritable personnalité !

« Il est probable que quelque chose d'autre aurait provoqué cela », a déclaré Wise, « mais votre dessin des cristaux de neige a commencé avec la première interview de Brice avec vous. J'aurais dû trouver ce dessin sur le bureau de Gately depuis longtemps ! Stoopide ! » et il s'est cogné la tête en feignant l'humiliation.

"Oui," dit Zizi, faisant à Wise un sourire à la fois impudent et affectueux, "tu aurais dû, oh, Wise Guy ! Tu aurais dû trouver ce dessin de flocon de neige par toi-même.

"Oh, c'est pour ça que je t'ai, Ziz , pour chercher des indices pour moi."

" Bien sûr que oui, Penny Wise. Je ne suis que votre Pound Foolish, mais au moins, je peux voir à travers un point d'écoute aussi clair que du cristal !